隨身佛典

中阿含經

東晉罽賓三藏瞿曇僧伽提婆　譯

隨身佛典

中阿含經

東晉罽賓三藏瞿曇僧伽提婆 譯

隨身佛典

中阿含經

東晉罽賓三藏瞿曇僧伽提婆 譯

隨身佛典

中阿含經

東晉罽賓三藏瞿曇僧伽提婆　譯

隨身佛典

中阿含經

第三冊

卷十四～卷二十

東晉罽賓三藏瞿曇僧伽提婆　譯

◉目錄〔第三冊〕

中阿含經卷第十四

東晉罽賓三藏瞿曇僧伽提婆譯

（六七）中阿含王相應品大天㮈林經第三（第二小土城誦）

我聞如是：一時，佛遊鞞陀提國，與大比丘衆俱，往至彌薩羅，住大天㮈林中。

爾時世尊行道中路欣然而笑，尊者阿難見世尊笑，叉手向佛，白曰：「世尊！何因緣笑？諸如來、無所著、等正覺若無因緣終不妄笑，願聞其意！」

彼時世尊告曰：「阿*難！在昔異時，此彌薩羅㮈林之中，於彼有王，名曰大天，為轉輪王，聰明智慧，有四種軍整御天下，由己自在，如法法王成就七寶，得人四種如意之德。阿難！彼大天王成就七寶，為何謂耶？謂輪寶、象寶、馬寶、珠寶、女寶、居士寶、主兵臣寶，是謂為七。

「阿難！彼大天王云何名為成就輪寶？阿難！時大天王於月十五日說從解脫時，沐浴澡洗，昇正殿上；有天輪寶從東方來，輪有千輻一切具足，清淨自然非人所造，色如火焰，光明昱爍。大天王見已，歡喜踊躍，心自念曰：『生賢輪寶，生妙輪寶，我亦曾從古人聞之，若頂生刹利王於月十五日說從解脫時，沐浴澡洗，昇正殿上；有天輪寶從東方來，輪有千輻一切具足，清淨自然非人所造，色如火燄，光明昱爍，彼必當作轉輪王也。我將無作轉輪王耶？』

「阿難！昔大天王將欲自試天輪寶時，集四種軍：象軍、馬軍、車軍、步軍。集四種軍已，詣天輪寶所，以左手撫輪，右手轉之，而作是語：『隨天輪寶，隨天輪寶之所轉去。』阿難！彼天輪寶轉已即去，向於東方，時大天王亦自隨後及四種軍；若天輪寶有所住處，時大天王即彼止宿及四種軍。於是東方諸小國王，彼皆來詣大天王所，白曰：『天王！善來！天王！此諸國土極大豐樂，多有人民，盡屬天王，唯願天王以法教之！我等亦當輔佐天王。』於是大天王告諸小王曰：『卿等各各自領境界，皆當以法，莫以非法，無令國中有諸惡業、非梵行人。』

「阿難！彼天輪寶過東方去，度東大海，迴至南方、西方、北方。阿難！隨天輪寶周迴轉去，時大天王亦自隨後及四種軍；若天輪寶有所住處，時大天王即彼止宿及四種軍。於是北方諸小國王，彼皆來詣大天王所，白曰：『天王！善來！天王！此諸國土極大豐樂，多有人民，盡屬天王，唯願天王以法教之！我等亦當輔佐天王。』於是大天王告諸小王曰：『卿等各各自領境界，皆當以法，莫以非法，無令國中有諸惡業、非梵行人。』阿難！彼天輪寶過北方去，度北大海，即時速還至本王城，彼大天王坐正殿上斷理財物，時天輪寶住於虛空，是謂大天王成就如是天輪之寶。

「阿難！彼大天王云何名為成就象寶？阿難！時大天王而生象寶，彼象極白而有七支，其象名曰于娑賀。大天王見已，歡喜踊躍，若可調者極令賢善。阿難！彼大天王則於後時告象師曰：『汝速御象令極善調。若象調已，便來白我。』爾時象師受王教已，至象寶所，速御象寶令極善調。彼時象寶受極御治，疾得善調，猶昔良象壽無量百千歲，以無量百千歲受極御治，疾得善調。彼象寶者亦復如是，受極御治，疾得善調。阿難！爾時象師速御象寶令極善調，象寶調已，便詣大天王所，白曰：『天王！當知我以極御治之，象寶已調，隨天王意。』阿難！昔大天王試象寶時，平旦日出至象寶所，乘彼象寶遊一切地乃至大海，即時速還至本王城，是謂大天王成就如是白象之寶。

「阿難！彼大天王云何名為成就馬寶？阿難！時大天王而生馬寶，彼馬寶者，極紺青色，頭像如烏，以毛嚴身，名髦馬王。天王見已，歡喜踊躍，若可調者極令賢善。阿難！彼大天王則於後時告馬師曰：『汝速御馬令極善調。若馬調已，便來白我。』爾時馬師受王教已，至馬寶所，速御馬寶令極善調。彼時馬寶受極御治，疾得善調，猶昔良馬壽無量百千歲，以無量百千歲受極御治，疾得善調。彼馬寶者亦復如是，受極御治，疾得善調。阿難！爾時馬師速御馬寶令極善調，馬寶調已，便詣大天王所，白曰：『天王！當知我以極御治之，馬寶已調，隨天王意。』阿難！昔大天王試馬寶時，平旦日出至馬寶所，乘彼馬寶遊一切地乃至大海，即時速還至本王城，是謂大天王成就如是紺馬之寶。

「阿難！彼大天王云何名為成就珠寶？阿難！時大天王而生珠寶，彼珠寶者，明淨自然無有造者，八楞無垢極好磨治，貫以五色繩：青、黃、赤、白、黑。阿難！時大天王內宮殿中欲得燈明，即用珠寶。阿難！昔大天王試珠寶時，便集四種軍：象軍、馬軍、車軍、步軍。集四種軍已，於夜闇中豎立高幢，安珠置上，出至園觀，珠之光耀照四種軍，明之所及方半由延，是謂大天王成就如是明珠之寶。

「阿難！彼大天王云何名為成就女寶？阿難！時大天王而生女寶，彼女寶者，身體光澤*皎潔明淨，美色過人，少不及天，姿容端正覩者歡悅，口出芬馥青蓮華香，身諸毛孔出栴檀馨，冬則身溫，夏則身涼。彼女至心承事於王，發言悅樂，所作捷疾，聰明智慧，歡喜行善。彼女念王，常不離心，況身、口行！是謂大天王成就如是美女之寶。

「阿難！彼大天王云何成就居士之寶？阿難！時大天王生居士寶，彼居士寶極大豐富，資財無量多有畜牧，封戶食邑種種具足，福業之報而得天眼，見諸寶藏，空、有悉見，見有守護、無守護者，金藏、錢藏，作以不作皆悉見之。阿難！彼居士寶詣大天王，白曰：『天王！若欲得金及錢寶者，天王莫憂！我自知時。』阿難！昔大天王試居士寶時，彼王乘船入恒水中，告曰：『居士！我欲得金及以錢寶。』居士白曰：『天王！願船至岸。』時大天王告曰：『居士！正欲此中得，正欲此中得。』居士白曰：『天王！願令船住。』阿難！時居士寶至船前頭，長跪申手，便於水中舉四藏，出金藏、錢藏、作藏、不作藏，白曰：『天王！隨意所欲，金及錢寶恣其所用。用已餘者，還著水中。』是謂大天王成就如是居士之寶。

「阿難！彼大天王云何成就主兵臣寶？阿難！時大天王生主兵寶，彼主兵臣聰明智慧，辯才巧言，多識分別。主兵臣寶為大天王設現世義，勸安立之；設後世義，勸安立之；設現世義、後世義，勸安立之。彼主兵臣為大天王，欲合軍眾便能合之，欲解便解，欲令大天王四種軍眾不使疲乏，及勸助之，諸臣亦然，是謂大天王成就如是主兵臣寶。阿難！是謂大天王成就七寶。

「阿難！彼大天王云何得人四種如意之德？彼大天王壽命極長，八萬四千歲為童子嬉戲，八萬四千歲作小國王，八萬四千歲為大國王，八萬四千歲剃除鬚髮，著袈裟衣，至信捨家無家學道，學仙人王修行梵行，在此彌薩羅住大天㮈林中。阿難！若大天王壽命極長，八萬四千歲為童子嬉戲，八萬四千歲作小國王，八萬四千歲為大國王，八萬四千歲剃除鬚髮，著袈裟衣，至信捨家無家學道，學仙人王修行梵行，在此彌薩羅住大天㮈林中者，是謂大天王第一如意之德。

「復次，阿難！彼大天王無有疾病，成就平等食味之道，不冷不熱，安隱無諍。由是之故，其所飲食而得安消。阿難！若大天王無有疾病，成就平等食味之道，不冷不熱，安隱無諍。由是之故，其所飲食而得安消者，是謂大天王第二如意之德。

「復次，阿難！彼大天王身體光澤*皎潔明淨，美色過人，小不及天，端正姝好觀者歡悅。阿難！若大天王身體光澤*皎潔明淨，美色過人，小不及天，端正姝好觀者歡悅，是謂大天王第三如意之德。

「復次，阿難！彼大天王常於愛念梵志、居士，如父念子；梵志、居士亦復敬重於大天王，如子敬父。阿難！昔大天王在園觀中告御者曰：『徐徐御車，我欲久視梵志、居士。』梵志、居士亦告御者：『徐徐御車，我等欲久視大天王。』阿難！若大天王常於愛念梵志、居士，如父念子；梵志、居士亦復敬重我大天王，如子敬父者，是謂大天王第四如意之德。阿難！是謂大天王得人四種如意之德。

「阿難！彼大天王則於後時告剃鬚人：『汝若見我頭生白髮者，便可啟我。』於是剃鬚人受王教已，而於後時沐浴王頭，見生白髮，見已啟曰：『天王！當知天使已至，頭生白髮。』彼大天王復告剃鬚人：『汝持金鑷徐拔白髮，著吾手中。』時剃鬚人聞王教已，即以金鑷徐拔白髮，著王手中。阿難！彼大天王手捧白髮而說頌曰：

我頭生白髮，　壽命轉衰減，　天使已來至，　我今學道時。

「阿難！彼大天王見白髮已，告太子曰：『太子！當知天使已至，頭生白髮。太子！我已得人間欲，今當復求天上之欲。太子！我欲剃除鬚髮，著袈裟衣，至信捨家無家學道。太子！我今以此四天下付授於汝，汝當如法治化，莫以非法，無令國中有諸惡業、非梵行人。*太子！汝後若見天使已至，頭生白髮者，汝當復以此國政授汝太子，善教勅之。授太子國已，汝亦當復剃除鬚髮，著袈裟衣，至信捨家無家學道。太子！我今為汝轉此相繼之法，汝亦當復轉此相繼之法，莫令人民墮在極邊。太子！云何我今為汝轉此相繼之法，汝亦當復轉此相繼之法，莫令人民墮在極邊？太子！若此國中傳授法絕，不復續者，是名人民墮在極邊。太子！以是之故，我今為汝轉。太子！我已為汝轉此相繼之法，汝亦當復轉此相繼之法，莫令人民墮在極邊。』

「阿難！彼大天王以此國政付授太子，善教勅已，便剃除鬚髮，著袈裟衣，至信捨家無家學道，學仙人王修行梵行，在此彌薩羅大天王㮈林中。

「彼亦轉輪王，成就七寶，得人四種如意之德。云何成就七寶？得人四種如意之德？如前所說七寶，得人四種如意之德。

「阿難！彼轉輪王亦於後時告剃鬚人：『汝若見我頭生白髮者，便可啟我。』於是剃鬚人受王教已，而於後時沐浴王頭，見生白髮。見已啟曰：『天王！當知天使已至，頭生白髮。』彼轉輪王復告剃鬚人：『汝持金鑷徐拔白髮，著吾手中。』時剃鬚人聞王教已，即以金鑷徐拔白髮，著王手中。阿難！彼轉輪王手捧白髮，而說頌曰：

我頭生白髮，　壽命轉衰減，
天使已來至，　我今學道時。

「阿難！彼轉輪王見白髮已，告太子曰：『太子！當知天使已至，頭生白髮。太子！我已得人間欲，今當復求天上之欲。太子！我欲剃除鬚髮，著袈裟衣，至信捨家無家學道。我今以此四天下付授於汝，汝當如法治化，莫以非法，無令國中有諸惡業、非梵行人。太子！汝後若見天使已至，頭生白髮者，汝亦當復以此國政授汝太子，善教勑之。授太子國已，汝亦當復剃除鬚髮，著袈裟衣，至信捨家無家學道。太子！我今為汝轉此相繼之法，汝亦當復轉此相繼之法，莫令人民墮在極邊。太子！云何我今為汝轉此相繼之法，汝亦當復轉此相繼之法，莫令人民墮在極邊？太子！若此國中傳授法絕，不復續者，是名人民墮在極邊。太子！以是之故，我今為汝轉。太子！我已為汝轉此相繼之法，汝亦當復轉此相繼之法，莫令人民墮在極邊。』

「阿難！彼轉輪王以此國政付授太子，善教勑已，便剃除鬚髮，著袈裟衣，至信捨家無家學道，學仙人王修行梵行，在此彌薩羅大天㮈林中。

「阿難！是為從子至子，從孫至孫，從族至族，從見至見，展轉八萬四千轉輪王，剃除鬚髮，著袈裟衣，至信捨家無家學道，學仙人王修行梵行。在此彌薩羅大天㮈林中，彼最後王名曰尼彌，如法法王，行法如法，而為太子、后妃、婇女，及諸臣民、沙門、梵志，乃至蜫蟲，奉持法齋，月八日、十四日、十五日修行布施，施諸窮乏沙門、梵志、貧窮、孤獨、遠來、乞者，以飲食、衣被、車乘、華鬘、散華、塗香、屋舍、床褥、氍氀、綩綖、給使、明燈。

「彼時三十三天集坐善法講堂，咨嗟稱歎尼彌王曰：『諸賢！鞞陀提人有大善利，有大功德。所以者何？彼最後王名曰尼彌，如法法王，行法如法，而為太子、后妃、婇女，及諸臣民、沙門、梵志，乃至蜫蟲，奉持法齋，月八日、十四日、十五日修行布施，施諸窮乏沙門、梵志、貧窮、孤獨、遠來、乞者，以飲食、衣被、車乘、華鬘、散華、塗香、屋舍、床褥、氍氀、綩綖、給使、明燈。』

「時天帝釋亦在衆中，於是天帝釋告三十三天曰：『諸賢！汝等欲得即在此見尼彌王耶？』三十三天白曰：『拘翼！我等欲得即在此見彼尼彌王。』爾時帝釋猶如力士屈申臂頃，於三十三天上忽沒不現，已來至此尼彌王殿。於是尼彌王見天帝釋，見已問曰：『汝為是誰？』帝釋答曰：『大王！聞有天帝釋耶？』答曰：『聞有帝釋。』告曰：『我即是也。大王有大善利，有大功德。所以者何？三十三天為汝集坐善法講堂，咨嗟稱歎曰：「諸賢！鞞陀提人有大善利，有大功德。所以者何？彼最後王名曰尼彌，如法法王，行法如法，而為太子、后妃、婇女，及諸臣民、沙門、梵志，乃至蜫蟲，奉持法齋，月八日、十四日、十五日修行布施，施諸窮乏沙門、梵志、貧窮、孤獨、遠來、乞者，以飲食、衣被、車乘、華鬘、散華、塗香、屋舍、床褥、氍氀、綩綖、給使、明燈。」大王！欲見三十三天耶？』答曰：『欲見。』帝釋復告尼彌王曰：『我還天上，當勅嚴駕千象車來，大王乘車娛樂遊戲昇於天上。』時尼彌王為天帝釋默然而受。

「於是帝釋知尼彌王默然受已，猶如力士屈申臂頃，於尼彌王殿忽沒不現，已還至彼三十三天。帝釋到已，告御者曰：『汝速嚴駕千象車，往迎尼彌王，到已白曰：「大王！當知天帝釋遣此千象車來迎於大王，可乘此車娛樂遊戲昇於天上。」王乘車已，復白王曰：「王欲令我從何道送？為從惡受惡報道？為從妙受妙報道耶？」』

「於是御者受帝釋教已，即便嚴駕千象車，往至尼彌王所，到已白曰：『大王！當知帝釋遣此千象車來迎於大王，可乘此車娛樂遊戲昇於天上。』時尼彌王昇彼車已，御者復白王：『欲令我從何道送？為從惡受惡報道？為從妙受妙報道耶？』時尼彌王告御者曰：『汝於兩道中間送我，惡受惡報，妙受妙報。』於是御者便於兩道中間送王，惡受惡報，妙受妙報。於是三十三天遙見尼彌王來，見已稱善：『

善來！大王！善來！大王！可與三十三天共住娛樂。』時尼彌王為三十三天而說頌曰：

猶如假借乘，　一時暫求車，　此處亦復然，　謂為他所有。
我還彌薩羅，　當作無量善，　因是生天上，　作福為資粮。

「阿難！昔大天王者汝謂異人耶？莫作是念！當知即是我也。阿難！我昔從子至子，從孫至孫，從族至族，從我展轉八萬四千轉輪王，剃除鬚髮，著袈裟衣，至信捨家無家學道，學仙人王修行梵行，在此彌薩羅大天㮈林中。阿難！我爾時為自饒益，亦饒益他，饒益多人，愍傷世間，為天、為人求義及饒益，求安隱快樂。爾時說法不至究竟，不究竟白淨，不究竟梵行；不究竟梵行訖，爾時不離生老病死、啼哭憂慼，亦未能得脫一切苦。

「阿難！我今出世，如來、無所著、等正覺、明行成為、善逝、世間解、無上士、道法御、天人師、號佛、衆祐，我今為自饒益，亦饒益他，饒益多人，愍傷世間，為天、為人求義及饒益，求安隱快樂。我今說法得至究竟，究竟白淨，究竟梵行；究竟梵行訖，我今得離生老病死、啼哭憂慼，我今已得脫一切苦。

「阿難！我今為汝轉相繼法，汝亦當復轉相繼法，莫令佛種斷。阿難！云何我今為汝轉相繼法，汝亦當復轉相繼法，莫令佛種斷？謂八支聖道，正見乃至正定為八。阿難！是謂我今為汝轉相繼法，汝亦當復轉相繼法，莫令佛種斷。」

佛說如是，尊者阿難及諸比丘聞佛所說，歡喜奉行。

大天㮈林經第三竟四千七百三十九字

（六八）中阿含王相應品大善見王經第四第二小土城誦

我聞如是：一時，佛遊拘尸城，住和跋單力士娑羅林中。

爾時世尊最後欲取般涅槃時，告曰：「阿難！汝往至雙娑羅樹間，可為如來北首敷床，如來中夜當般涅槃。」

尊者阿難受如來教，即詣雙樹，於雙樹間而為如來北首敷床。敷床已訖，還詣佛所，稽首禮足，却住一面，白曰：「世尊！已為如來於雙樹間北首敷床，唯願世尊自當知時！」

於是世尊將尊者阿難至雙樹間，四疊鬱多羅僧以敷床上，襞僧伽梨作枕，右脇而臥，足足相累，最後欲取般涅槃。

時尊者阿難執拂侍佛，尊者阿難叉手向佛，白曰：「世尊！更有餘大城，一名瞻波，二名舍衛，三名鞞舍離，四名王舍城，五名波羅㮈，六名加維羅衛，世尊不於彼般涅槃，何故正在此小土城？諸城之中此最為下。」

是時世尊告曰：「阿難！汝莫說此為小土城，諸城之中此最為下。所以者何？乃過去時，此拘尸城名拘尸王城，極大豐樂，多有人民。阿難！拘尸王城長十二由延，廣七由延。阿難！造立樓櫓高如一人，或二、三、四至高七人。阿難！拘尸王城於外周匝有壍七重，其壍則以四寶塼壘：金、銀、琉璃及水精。其底布以四種寶沙：金、銀、琉璃及水精。阿難！拘尸王城周匝外有垣墻七重，其墻亦以四寶塼壘：金、銀、琉璃及水精。阿難！拘尸王城周匝七重，行四寶多羅樹：金、銀、琉璃及水精。金多羅樹銀葉華實，銀多羅樹金葉華實，琉璃多羅樹水精葉華實，水精多羅樹琉璃葉華實。

「阿難！彼多羅樹間作種種華池，青蓮華池，紅蓮、赤蓮、白蓮華池。阿難！其華池岸四寶塼壘：金、銀、琉璃及水精。其底布以四種寶沙：金、銀、琉璃及水精。阿難！彼池中有四寶梯陛：金、銀、琉璃及水精。金陛銀蹬，銀陛金蹬，琉璃陛水精蹬，水精陛琉璃蹬。阿難！彼池周匝有四寶鉤欄：金、銀、琉璃及水精。金欄銀鉤，銀欄金鉤，琉璃欄水精鉤，水精欄琉璃鉤。阿難！彼池覆以羅網，鈴懸其間，彼鈴四寶：金、銀、琉璃及水精。金鈴銀舌，銀鈴金舌，琉璃鈴水精舌，水精鈴琉璃舌。

「阿難！於彼池中殖種種水華，青蓮華，紅蓮、赤蓮、白蓮華，常水常華，無守視者，通一切人。阿難！於彼池岸殖種種陸華，修摩那華、婆師華、瞻蔔華、修揵提華、摩頭揵提華、阿提牟哆華、波羅頭華。阿難！其華池岸有衆多女，身體光澤*皎潔明淨，美色過人，少不及天，姿容端正覩者歡悅，衆寶瓔珞嚴飾具足。彼行惠施，隨其所須飲食、衣被、車乘、屋舍、床褥、氍氀、給使、明燈，悉以與之。

「阿難！其多羅樹葉，風吹之時，有極上妙音樂之聲，猶五種妓工師作樂，極妙上好諧和之音。阿難！其多羅樹葉，風吹之時，亦復如是。阿難！拘尸城中設有弊惡極下之人，其有欲得五種妓樂者，即共往至多羅樹間，皆得自恣極意娛樂。阿難！拘尸王城常有十二種聲，未曾斷絕：象聲、馬聲、車聲、步聲、吹螺聲、鼓聲、薄洛鼓聲、伎鼓聲、歌聲、舞聲、飲食聲、惠施聲。

「阿難！拘尸城中有王，名大善見，為轉輪王，聰明智慧，有四種軍整御天下，由己自在，如法法王成就七寶，得人四種如意之德。云何成就七寶？得人四種如意之德？如前所說七寶，四種人如意之德。阿難！於是拘尸王城梵志、居士，多取珠寶、鉗婆羅寶，載詣大善見王，白曰：『天王！此多珠寶、鉗婆羅寶，天王當為見慈愍故，願垂納受！』大善見王告梵志、居士曰：『卿等送獻，我所不須，吾亦自有。』

「阿難！復有八萬四千諸小國王，詣大善見王，白曰：『天王！我等欲為天王作殿。』大善見王告諸小王：『卿等欲為我作正殿，我所不須，自有正殿。』八萬四千諸小國王皆叉手，向再三白曰：『天王！我等欲為天王作殿，我等欲為天王作殿。』於是大善見王為八萬四千諸小王故，默然而聽。爾時八萬四千諸小國王知大善見王默然聽已，拜謁辭退，繞三匝而去，各還本國，以八萬四千車載金自重，并及其錢作以不作，復以一一珠寶之柱載往拘尸城，去城不遠作大正殿。

「阿難！彼大正殿長一由延，廣一由延。阿難！彼大正殿四寶塼壘：金、銀、琉璃及水精。阿難！彼大正殿四寶梯陛：金、銀、琉璃及水精。金陛銀蹬，銀陛金蹬，琉璃陛水精蹬，水精陛琉璃蹬。阿難！大正殿中有八萬四千柱，以四寶作：金、銀、琉璃及水精。金柱銀櫨櫟，銀柱金櫨櫟，琉璃柱水精櫨櫟，水精柱琉璃櫨櫟。阿難！大正殿內立八萬四千樓，以四寶作：金、銀、琉璃及水精。金樓銀覆，銀樓金覆，琉璃樓水精覆，水精樓琉璃覆。

「阿難！大正殿中設八萬四千御座，亦四寶作：金、銀、琉璃及水精。金樓設銀御座，敷以氍氀毾㲪，覆以錦綺羅縠，有襯體被，兩頭安枕，加陵伽波和邏波遮悉多羅那。如是銀樓設金御座、琉璃樓設水精御座、水精樓設琉璃御座，敷以氍氀毾㲪，覆以錦綺羅縠，有襯體被，兩頭安枕，加陵伽波惒邏波遮悉多羅那。阿難！彼大正殿周匝繞有四寶鉤欄：金、銀、琉璃及水精。金欄銀鉤，銀欄金鉤，琉璃欄水精鉤，水精欄琉璃鉤。阿難！彼大正殿覆以羅網，鈴懸其間，彼鈴四寶：金、銀、琉璃及水精。金鈴銀舌，銀鈴金舌，琉璃鈴水精舌，水精鈴琉璃舌。

「阿難！彼大正殿具足成已，八萬四千諸小國王去殿不遠，作大華池。阿難！彼大華池長一由延，廣一由延。阿難！彼大華池四寶塼壘：金、銀、琉璃及水精。其底布以四種寶沙：金、銀、琉璃及水精。阿難！彼大華池有四寶梯陛：金、銀、琉璃及水精。金陛銀蹬，銀陛金蹬，琉璃陛水精蹬，水精陛琉璃蹬。

「阿難！彼大華池周匝繞有四寶鉤欄：金、銀、琉璃及水精。金欄銀鉤，銀欄金鉤，琉璃欄水精鉤，水精欄琉璃鉤。阿難！彼大華池，覆以羅網，鈴懸其間。彼鈴四寶：金、銀、琉璃及水精。金鈴銀舌，銀鈴金舌，琉璃鈴水精舌，水精鈴琉璃舌。

「阿難！彼大華池其中則有種種水華，青蓮華，紅蓮、赤蓮、白蓮華，常水常華，有守視者，不通一切人。阿難！彼大華池，其岸則有種種陸華，修摩那華、婆師華、瞻蔔華、修揵提華、摩頭揵提華、阿提牟哆華、波羅賴華。

「阿難！如是大殿及大華池具足成已，八萬四千諸小國王去殿不遠，作多羅園。阿難！彼多羅園長一由延，廣一由延。阿難！多羅園中殖八萬四千多羅樹，則以四寶：金、銀、琉璃及水精。金多羅樹銀葉華實，銀多羅樹金葉華實，琉璃多羅樹水精葉華實，水精多羅樹琉璃葉華實。阿難！彼多羅園周匝有四寶鉤欄：金、銀、琉璃及水精。金欄銀鉤，銀欄金鉤，琉璃欄水精鉤，水精欄琉璃鉤。阿難！彼多羅園覆以羅網，鈴懸其間，彼鈴四寶：金、銀、琉璃及水精。金鈴銀舌，銀鈴金舌，琉璃鈴水精舌，水精鈴琉璃舌。

「阿難！如是大殿華池及多羅園具足成已，八萬四千諸小國王，即共往詣大善見王，白曰：『天王！當知大殿華池及多羅園悉具足成，唯願天王隨意所欲。』阿難！爾時大善見王便作是念：『我不應先昇此大殿，若有上尊沙門、梵志，依此拘尸王城住者，我寧可請一切來集坐此大殿，施設上味極美餚饌，種種豐饒食噉含消，手自斟酌皆令飽滿。食竟收器，行澡水訖，發遣令還。』阿難！大善見王作是念已，即請上尊沙門、梵志，依彼拘尸王城住者，一切來集昇大正殿。都集坐已，自行澡水，便以上味極美餚饌，種種豐饒食噉含消，手自斟酌皆令飽滿。食竟收器，行澡水訖，受呪願已，發遣令還。

「阿難！大善見王復作是念：『今我不應大正殿中而行於欲，我寧可獨將一侍人昇大殿住。』阿難！大善見王則於後時，將一侍人昇大正殿，便入金樓，坐銀御床，敷以氍氀毾㲪，覆以錦綺羅縠，有襯體被，兩頭安枕，加陵伽波惒邏波遮悉多羅那。坐已，離欲、離惡不善之法，有覺有觀，離生喜樂，逮初禪成就遊。從金樓出，次入銀樓，坐金御床，敷以氍氀毾㲪，覆以錦綺羅縠，有襯體被，兩頭安枕，加陵伽波惒邏波遮悉多羅那。坐已，離欲、離惡不善之法，有覺有觀，離生喜樂，逮初禪成就遊。從銀樓出，入琉璃樓，坐水精御床，敷以氍氀毾㲪，覆以錦綺羅縠，有襯體被，兩頭安枕，加陵伽波惒邏波遮悉多羅那。坐已，離欲、離惡不善之法，有覺有觀，離生喜樂，逮初禪成就遊。從琉璃樓出，入水精樓，坐琉璃御床，敷以氍氀毾㲪，覆以錦綺羅縠，有襯體被，兩頭安枕，加陵伽波惒邏波遮悉多羅那。坐已，離欲、離惡不善之法，有覺有觀，離生喜樂，逮初禪成就遊。

「阿難！爾時八萬四千夫人及女寶，並久不見大善見王，各懷飢虛，渴仰欲見。於是八萬四千夫人共詣女寶，白曰：『天后！當知我等並久不覲天王。天后！我等今欲共見天王。』女寶聞已，告主兵臣：『汝今當知我等並久不覲天王，今欲往見。』主兵臣聞，即送八萬四千夫人及女寶至大正殿。八萬四千象、八萬四千馬、八萬四千車、八萬四千步、八萬四千小王，亦共侍送至大正殿。當去之時，其聲高大，音響震動，大善見王聞其聲高大，音聲震動，聞已即問傍侍者曰：『是誰聲高大，音響震動？』侍者白曰：『天王！是八萬四千夫人及女寶，今悉共來詣大正殿。八萬四千象、八萬四千馬、八萬四千車、八萬四千步、八萬四千小王，亦復共來詣大正殿。是故其聲高大，音響震動。』大善見王聞已，告侍者曰：『汝速下殿，可於露地疾敷金床，訖還白我。』侍者受教即從殿下，則於露地疾敷金床訖，還白曰：『已為天王則於露地敷金床訖，隨天王意。』

「阿難！大善見王即共侍者從殿來下，昇金床上結跏趺坐。阿難！彼時八萬四千夫人及女寶皆悉共前，詣大善見王。阿難！大善見王遙見八萬四千夫人及女寶，見已則便閉塞諸根。於是八萬四千夫人及女寶，見王閉塞諸根已，便作是念：『天王今必不用我等。所以者何？天王適見我等，便閉塞諸根。』

「阿難！於是女寶則前往詣大善見王，到已白曰：『天王！當知彼八萬四千夫人及女寶，盡是天王所有，唯願天王常念我等，乃至命終。八萬四千象、八萬四千馬、八萬四千車、八萬四千步、八萬四千小王，盡是天王所有，唯願天王常念我等，乃至命終。』彼時大善見王聞斯語已，告女寶曰：『妹！汝等長夜教我為惡，不令行慈。妹！汝等從今已後，當教我行慈，莫令為惡。』阿難！八萬四千夫人及女寶卻住一面，涕零悲泣而作此語：『我等非是天王之妹，而今天王稱我等為妹。』

「阿難！彼八萬四千夫人及女寶，各各以衣拭其淚，復前往詣大善見王，到已白曰：『天王！我等云何教天王行慈，不為惡耶？』大善見王答曰：『諸妹！汝等為我，應如是說：「天王！知不？人命短促，當就後世應修梵行，生無不終。天王！當知彼法必來，非可愛念亦不可喜，壞一切世，名曰為死。是以天王於八萬四千夫人及女寶有念有欲者，唯願天王悉斷、捨離，至終莫念。於八萬四千象、八萬四千馬、八萬四千車、八萬四千步、八萬四千小王，天王有欲有念者，唯願天王悉斷、捨離，至終莫念。」諸妹！汝等如是教我行慈，不令為惡。』

「阿難！彼八萬四千夫人及女寶白曰：『天王！我等從今已後，當教天王行慈，不令為惡。天王！人命短促，當就後世，彼法必來，非可愛念亦不可憙，壞一切世，名曰為死。是以天王於八萬四千夫人及女寶有念有欲者，唯願天王悉斷、捨離，至終莫念。於八萬四千象、八萬四千馬、八萬四千車、八萬四千步、八萬四千小王，天王有欲有念者，唯願天王悉斷、捨離，至終莫念。』阿難！大善見王為彼八萬四千夫人及女寶說法，勸發渴仰成就歡喜。無量方便為彼說法，勸善見王發遣已，各拜辭還。

發渴仰成就歡喜已，發遣令還。阿難！彼八萬四千夫人及女寶，知大

「阿難！彼八萬四千夫人及女寶還去不久，大善見王即共侍者還

昇大殿，則入金樓，坐銀御床，敷以氍氀毾㲪，覆以錦綺羅縠，有襯

體被，兩頭安枕，加陵伽波惒邏波遮悉多羅那。坐已，作是觀：『我

是最後邊，念欲、念恚、念害、鬪諍、相憎、諛諂、虛偽、欺誑、妄

言，無量諸惡不善之法，是最後邊。』心與慈俱，遍滿一方成就遊。

如是二三四方、四維上下，普周一切，無結無怨，無恚無諍，極廣甚

大，無量善修，遍滿一切世間成就遊。

「從金樓出，次入銀樓，坐金御床，敷以氍氀毾㲪，覆以錦綺羅

穀，有襯體被，兩頭安枕，加陵伽波惒邏波遮悉多羅那。坐已，作是觀：『我是最後邊，念欲、念恚、念害、鬪諍、相憎、諛諂、虛偽、欺誑、妄言，無量諸惡不善之法，是最後邊。』心與悲俱，遍滿一方成就遊。如是二三四方、四維上下，普周一切，無結無怨，無恚無諍，極廣甚大，無量善修，遍滿一切世間成就遊。

「從銀樓出，入琉璃樓，坐水精御床，敷以氍氀毾㲪，覆以錦綺羅穀，有襯體被，兩頭安枕，加陵伽波惒邏波遮悉多羅那。坐已，作是觀：『我是最後邊，念欲、念恚、念害、鬪諍、相憎、諛諂、虛偽、欺誑、妄言，無量諸惡不善之法，是最後邊。』心與喜俱，遍滿一方成就遊。如是二三四方、四維上下，普周一切，無結無怨，無恚無諍，極廣甚大，無量善修，遍滿一切世間成就遊。

「從琉璃樓出，入水精樓，坐瑠璃御床，敷以氍氀毾𣰆，覆以錦綺羅縠，有襯體被，兩頭安枕，加陵伽波惒邏波遮悉多羅那。坐已，作是觀：『我是最後邊，念欲、念恚、念害、鬪諍、相憎、諛諂、虛偽、欺誑、妄言，無量諸惡不善之法，是最後邊。』心與捨俱，遍滿一方成就遊。如是二三四方、四維上下，普周一切，無結無怨，無恚無諍，極廣甚大，無量善修，遍滿一切世間成就遊。

「阿難！大善見王於最後時生微微死痛，猶如居士或居士子，食極妙食，生小微煩。阿難！大善見王於最後時生微微死痛，亦復如是。阿難！爾時大善見王修習四梵室，捨念欲已，乘是命終生梵天中。

「阿難！在昔異時大善見王者，汝謂異人耶？莫作斯念！當知即是我也。阿難！我於爾時為自饒益，亦饒益他，饒益多人，愍傷世間，為天、為人求義及饒益，求安隱快樂。爾時說法不至究竟，不究竟白淨，不究竟梵行；不究竟梵行訖，爾時不離生老病死、啼哭憂慼，亦未能得脫一切苦。

「阿難！我今出世，如來、無所著、等正覺、明行成為、善逝、世間解、無上士、道法御、天人師、號佛、眾祐，我今為自饒益，亦饒益他，饒益多人，愍傷世間，為天、為人求義及饒益，求安隱快樂。我今說法得至究竟，究竟白淨，究竟梵行；究竟梵行訖，我今得離生老病死、啼哭憂慼，我今已得脫一切苦。阿難！從拘尸城，從weights

單力士娑羅林，從尼連然河，從*婆求河，從天冠寺，從為我敷床處，我於其中間七反捨身，於中六反為轉輪王，今第七如來、無所著、等正覺。

「阿難！我不復見世中天及魔、梵、沙門、梵志，從天至人，更復捨身者，是處不然。阿難！我今最後生、最後有、最後身、最後形，得最後我，我說是苦邊。」

佛說如是，尊者阿難及諸比丘聞佛所說，歡喜奉行。

大善見王經第四竟一千六百 四十五字

中阿含經卷第十四九千三百 五十四字　**第二小土城誦**

中阿含經卷第十五

東晉罽賓三藏瞿曇僧伽提婆譯

（六九）中阿含王相應品三十喻經第五（第二小土城誦）

我聞如是：一時，佛遊王舍城在竹林加蘭哆園，與大比丘衆俱，共受夏坐。

爾時世尊於十五日說從解脫時，在比丘衆前敷座而坐。世尊坐已，便入定意，觀諸比丘心。於是世尊見比丘衆，靜坐默然極默然，無有睡眠，除陰蓋故。比丘衆坐甚深極甚深，息極息、妙極妙。

是時尊者舍梨子亦在衆中，於是世尊告曰：「舍梨子！比丘衆靜坐默然極默然，無有睡眠，除陰蓋故。比丘衆坐甚深極甚深，息極息、妙極妙。舍梨子！誰能敬重奉事比丘衆者？」

於是尊者舍梨子即從坐起，偏袒著衣，叉手向佛白曰：「世尊！如是比丘衆靜坐默然極默然，無有睡眠，除陰蓋故。比丘衆坐甚深極甚深，息極息、妙極妙。世尊！無能敬重奉事比丘衆者，唯有世尊能敬重奉事法及比丘衆、戒、不放逸、布施及定，唯有世尊能敬重奉事。」

世尊告曰：「舍梨子！如是！如是！無能敬重奉事比丘衆者，唯有世尊能敬重奉事法及比丘衆、戒、不放逸、布施及定，唯有世尊能敬重奉事。舍梨子！猶如王及大臣有種種嚴飾具，繒綵錦罽、指環臂釧、肘瓔咽鉗、生色珠鬘。舍梨子！如是，比丘、比丘尼以戒德為嚴飾具。舍梨子！若比丘、比丘尼成就戒德為嚴飾具者，便能捨惡修習於善。

「舍梨子！猶如王及大臣有五儀式，劍、蓋、天冠、珠柄之拂及嚴飾屣，守衛其身令得安隱。舍梨子！如是，比丘、比丘尼以持禁戒為衛梵行。舍梨子！若比丘、比丘尼成就禁戒為衛梵行者，便能捨惡修習於善。

「舍梨子！猶如王及大臣有守閤人。舍梨子！如是，比丘、比丘尼以護六根為守閤人。舍梨子！若比丘、比丘尼成就護六根為守閤人者，便能捨惡修習於善。

「舍梨子！猶如王及大臣有守門將，聰明智慧分別曉了。舍梨子！如是，比丘、比丘尼以正念為守門將。舍梨子！若比丘、比丘尼成就正念為守門將者，便能捨惡修習於善。

「舍梨子！猶如王及大臣有好浴池，清泉平滿。舍梨子！如是，比丘、比丘尼以自心為浴池泉。舍梨子！若比丘、比丘尼成就自心為浴池泉者，便能捨惡修習於善。

「舍梨子！猶如王及大臣有沐浴人，常使洗浴。舍梨子！如是，比丘、比丘尼以善知識為沐浴人。舍梨子！若比丘、比丘尼成就善知識為沐浴人者，便能捨惡修習於善。

「舍梨子！猶如王及大臣有塗身香，木蜜、沈水、栴檀、蘇合、雞舌、都梁。舍梨子！如是，比丘、比丘尼以戒德為塗香。舍梨子！若比丘、比丘尼成就戒德為塗香者，便能捨惡修習於善。

「舍梨子！猶如王及大臣有好衣服，初摩衣、錦繒衣、白氎衣、加陵伽波惒邏衣。舍梨子！如是，比丘、比丘尼以慙愧為衣服。舍梨子！若比丘、比丘尼成就慙愧為衣服者，便能捨惡修習於善。

「舍梨子！猶如王及大臣有好床座，極廣高大。舍梨子！如是，比丘、比丘尼以四禪為床座。舍梨子！若比丘、比丘尼成就四禪為床座者，便能捨惡修習於善。

「舍梨子！猶如王及大臣有工剃師，常使洗浴。舍梨子！如是，比丘、比丘尼以正念為剃師。舍梨子！若比丘、比丘尼成就正念為剃師者，便能捨惡修習於善。

「舍梨子！猶如王及大臣有餚饌美食，種種異味。舍梨子！如是，比丘、比丘尼以喜為食。舍梨子！若比丘、比丘尼成就於喜以為食者，便能捨惡修習於善。

「舍梨子！猶如王及大臣有種種飲，㮈飲、瞻波飲、甘蔗飲、蒲桃飲、末蹉提飲。舍梨子！如是，比丘、比丘尼以法味為飲。舍梨子！若比丘、比丘尼成就法味以為飲者，便能捨惡修習於善。

「舍梨子！猶如王及大臣有妙華鬘，青蓮華鬘、瞻蔔華鬘、修摩那華鬘、婆師華鬘、阿提牟哆華鬘。舍梨子！如是，比丘、比丘尼以三定為華鬘，空、無願、無相。舍梨子！若比丘、比丘尼成就三定為華鬘者，便能捨惡修習於善。

「舍梨子！猶如王及大臣有諸屋舍、堂閣、樓觀。舍梨子！如是，比丘、比丘尼以三室為屋舍，天室、梵室、聖室。舍梨子！若比丘、比丘尼成就三室為屋舍者，便能捨惡修習於善。

「舍梨子！猶如王及大臣有典守者，謂守室人。舍梨子！如是，比丘、比丘尼以智慧為守室人。舍梨子！若比丘、比丘尼成就智慧為守室人者，便能捨惡修習於善。

「舍梨子！猶如王及大臣有諸國邑四種租稅，一分供王及給皇后、宮中婇女，二分供給太子、群臣，三分供國一切民人，四分供給沙門、梵志。舍梨子！如是，比丘、比丘尼以四念處為租稅。舍梨子！若比丘、比丘尼成就四念處為租稅者，便能捨惡修習於善。

「舍梨子！猶如王及大臣有四種軍，象軍、馬軍、車軍、步軍。舍梨子！如是，比丘、比丘尼以四正斷為四種軍。舍梨子！若比丘、比丘尼成就四正斷為四種軍者，便能捨惡修習於善。

「舍梨子！猶如王及大臣有種種輿，象輿、馬輿、車輿、步輿。舍梨子！如是，比丘、比丘尼以四如意足為輞輿。舍梨子！若比丘、比丘尼成就四如意足以為輿者，便能捨惡修習於善。

「舍梨子！猶如王及大臣有種種車莊，以眾好師子、虎豹斑文之皮，織成雜色種種莊飾。舍梨子！如是，比丘、比丘尼以止觀為車。

舍梨子！若比丘、比丘尼成就止觀以為車者，便能捨惡修習於善。

「舍梨子！猶如王及大臣有駕御者，調御車人。舍梨子！如是，比丘、比丘尼以正念為駕御人。舍梨子！若比丘、比丘尼成就正念為駕御人者，便能捨惡修習於善。

「舍梨子！猶如王及大臣有極高幢。舍梨子！如是，比丘、比丘尼以己心為高幢。舍梨子！若比丘、比丘尼成就己心為高幢者，便能捨惡修習於善。

「舍梨子！猶如王及大臣有好道路，平正坦然唯趣園觀。舍梨子！如是，比丘、比丘尼以八支聖道為道路，平正坦然唯趣涅槃。舍梨子！若比丘、比丘尼成就八支聖道以為道路，平正坦然唯趣涅槃者，便能捨惡修習於善。

「舍梨子！猶如王及大臣有主兵臣，聰明智慧分別曉了。舍梨子！如是，比丘、比丘尼以智慧為主兵臣。舍梨子！若比丘、比丘尼成就智慧為主兵臣者，便能捨惡修習於善。

「舍梨子！猶如王及大臣有大正殿，極廣高敞。舍梨子！如是，比丘、比丘尼以智慧為大正殿。舍梨子！若比丘、比丘尼成就智慧為大正殿者，便能捨惡修習於善。

「舍梨子！猶如王及大臣昇高殿上，觀殿下人往來走踊，住立坐臥。舍梨子！如是，比丘、比丘尼以昇無上智慧高殿，為自觀己心，周正柔軟，歡喜遠離。舍梨子！若比丘、比丘尼成就無上智慧高殿，為自觀己心，周正柔軟，歡喜遠離者，便能捨惡修習於善。

「舍梨子！猶如王及大臣有宗正卿，諳練宗族。舍梨子！如是，比丘、比丘尼以四聖種為宗正卿。舍梨子！若比丘、比丘尼成就四聖種為宗正卿者，便能捨惡修習於善。

「舍梨子！猶如王及大臣有名良醫，能治衆病。舍梨子！如是，比丘、比丘尼以正念為良醫。舍梨子！若比丘、比丘尼成就正念為良醫者，便能捨惡修習於善。

「舍梨子！猶如王及大臣有正御床，敷以氍氀毾㲪，覆以錦綺羅縠，有襯體被，兩頭安枕，加陵伽波惒邏波遮悉多羅那。舍*梨子！如是，比丘、比丘尼以無礙定為正御床。舍梨子！若比丘、比丘尼成就無礙定為正御床者，便能捨惡修習於善。

「舍梨子！猶如王及大臣有名珠寶。舍梨子！如是，比丘、比丘尼以不動心解脫為名珠寶。舍梨子！若比丘比丘尼成就不動心解脫為名珠寶者，便能捨惡修習於善。

「舍梨子！猶如王及大臣極淨沐浴好香塗身，身極清淨。舍梨子！如是，比丘、比丘尼以自觀己心為身極淨。舍梨子！若比丘、比丘尼成就自觀己心為身淨者，便能敬重奉事世尊、法及比丘眾、戒、不放逸、布施及定。」

佛說如是，尊者舍梨子及諸比丘聞佛所說，歡喜奉行。

三十喻經第五竟二千三百八十八字

（七〇）中阿含王相應品轉輪王經第六第二小土城誦

我聞如是：一時，佛遊摩兜麗剎利，在捺林駛河岸。

爾時世尊告諸比丘：「諸比丘！當自然法燈，自歸己法，莫然餘燈，莫歸餘法！諸比丘！若自然法燈，自歸己法，不然餘燈，不歸餘法者，便能求學得利，獲福無量。所以者何？比丘！昔時有王名曰堅念，為轉輪王，聰明智慧，有四種軍整御天下，由己自在如法法王，成就七寶，得人四種如意之德。云何成就七寶，得人四種如意之德？如前所說成就七寶，得人四種如意之德。

「於是堅念王而於後時，天輪寶移，忽離本處，有人見之，詣堅念王白曰：『天王！當知天輪寶移離於本處。』堅念王聞已，告曰：『太子！我天輪寶移離於本處。太子！我自曾從古人聞之，若轉輪王天輪寶移離本處者，彼王必不久住，命不久存。太子！我已得人間之欲，今當復求於天上欲。太子！我欲剃除鬚髮，著袈裟衣，至信捨家無家學道。太子！我今以此四天下付授於汝，汝當如法治化，莫以非法，無令國中有諸惡業、非梵行人。太子！汝後若見天輪寶移離本處者，汝亦當復以此國政授汝太子，善教勅之。授太子國已，汝亦當復剃除鬚髮，著袈裟衣，至信捨家無家學道。』於是堅念王授太子國，善教勅已，便剃除鬚髮，著袈裟衣，至信捨家無家學道。

「時堅念王出家學道七日之後，彼天輪寶即沒不現。失天輪已，剎利頂生王便大憂惱，愁慼不樂。剎利頂生王即詣父堅念王仙人所，到已白曰：『天王！當知天王學道七日之後，彼天輪寶便沒不現。』父堅念王仙人告子剎利頂生王曰：『汝莫以失天輪寶故而懷憂慼，所以者何？汝不從父得此天輪。』剎利頂生王復白父曰：『天王！我今當何所為？』父堅念王仙人告其子曰：『汝當應學相繼之法！汝若學相繼之法者，於十五日說從解脫時，沐浴澡洗，昇正殿已，彼天輪寶必從東方來，輪有千*輻一切具足，清淨自然非人所造，色如火燄光明昱爍。』

「剎利頂生王復白父曰：『天王！云何相繼之法欲令我學，令我學已，於十五日說從解脫時，沐浴澡洗，昇正殿已，彼天輪寶從東方來，輪有千輻一切具足，清淨自然非人所造，色如火燄光明昱爍？』」父堅念王仙人復告子曰：『汝當觀法如法，行法如法，當為太子、后妃、婇女及諸臣民、沙門、梵志乃至蜫蟲，奉持法齋。月八日、十四日、十五日修行布施，施諸窮乏沙門、梵志、貧窮、孤獨、遠來、乞者，以飲食、衣被、車乘、華鬘、散華、塗香、屋舍、床褥、氍毹、綩綖、給使、明燈。若汝國中有上尊名德沙門、梵志者，汝當隨時往詣彼所，問法受法：「諸尊！何者善法？何者不善法？何者為罪？何者為福？何者為妙？何者非妙？何者為黑？何者為白？黑白之法從何而生？何者現世義？何者後世義？云何作行受善不受惡？」從彼聞已，行如所說。若汝國中有貧窮者，當出財物以給恤之。天王！是謂相繼之法，汝當善學！汝善學已，於十五日說從解脫時，沐浴澡洗，昇正殿已，彼天輪寶必從東方來，輪有千輻一切具足，清淨自然非人所造，色如火焰光明昱爍。』

「刹利頂生王便於後時，觀法如法，行法如法，而為太子、后妃、婇女及諸臣民、沙門、梵志乃至蜫蟲，奉持法齋。月八日、十四日、十五日修行布施，施諸窮乏沙門、梵志、貧窮、孤獨、遠來、乞者，以飲食、衣被、車乘、華鬘、散華、塗香、屋舍、床褥、氍氀、綩綖、給使、明燈。若其國中有上尊名德沙門、梵志者，便自隨時往詣彼所，問法受法：『諸尊！何者善法？何者不善法？何者為罪？何者為福？何者為妙？何者非妙？何者為黑？何者為白？黑白之法從何而生？何者現世義？何者後世義？云何作行受善不受惡？』從彼聞已，行如所說。若其國中有貧窮者，即出財物隨時給恤。剎利頂生王於後十五日說從解脫時，沐浴澡洗，昇正殿已，彼天輪寶從東方來，輪有千輻一切具足，清淨自然非人所造，色如火燄光明昱爍。彼亦得轉輪王，亦成就七寶，亦得人四種如意之德。云何成就七寶，得人四種如意之德？亦如前說。

「彼轉輪王而於後時，天輪寶移，忽離本處，有人見之，詣轉輪王白曰：『天王！當知天輪寶移離於本處。』轉輪王聞已，告曰：『太子！我天輪寶移離本處。太子！我曾從父堅念王仙人聞之，若轉輪王天輪寶移離本處者，彼王必不久住，命不久存。太子！我已得人間之欲，今當復求於天上欲。太子！我欲剃除鬚髮，著袈裟衣，至信捨家無家學道。太子！我今以此四天下付授於汝，汝當如法治化，莫以非法，無令國中有諸惡業、非梵行人。太子！汝後若見天輪寶移離本處者，汝亦當復以此國政授汝太子，善教勅之。授太子國已，汝亦當復剃除鬚髮，著袈裟衣，至信捨家無家學道。』於是轉輪王授太子國，善教勅已，便剃除鬚髮，著袈裟衣，至信捨家無家學道。

「彼轉輪王出家學道七日之後，彼天輪寶即沒不現。失天輪已，剎利頂生王而不憂慼，但染欲著欲，貪欲無厭，為欲所縛，為欲所觸，為欲所使，不見災患，不知出要，便自出意治國，以自出意治國故，國遂衰滅不復增益。猶如昔時諸轉輪王學相繼法，國土人民轉增熾盛無有衰滅；剎利頂生王亦復如是，自出意治國，以自出意治國故，國遂衰滅不復增益。

「於是國師梵志案行國界，見國人民轉就衰滅不復增益，便作是念：『剎利頂生王自出意治國，以自出意治國故，國土人民轉就衰滅不復增益。猶如昔時諸轉輪王學相繼法，國土人民轉增熾盛無有衰滅；此剎利頂生王亦復如是，自出意治國，以自出意治國故，國土人民轉就衰滅不復增益。』國師梵志即共往詣剎利頂生王白曰：『天王！當知天王自出意治國，以自出意治國故，國土人民轉就衰滅不復增益。猶如昔時諸轉輪王學相繼法，國土人民轉增熾盛無有衰滅；今天王亦復如是，自出意治國，以自出意治國故，國土人民轉就衰滅不復增益。』剎利頂生王聞已，告曰：『梵志！我當云何？』國師梵志白曰：『天王！國中有人聰明智慧，明知算數，國中有大臣眷屬學經明經，誦習受持相繼之法，猶如我等一切眷屬。天王！當學相繼之法，學相繼法已，於十五日說從解脫時，沐浴澡洗，昇正殿已，彼天輪寶必從東方來，輪有千輻一切具足，清淨自然非人所造，色如火燄光明昱爍。』

「剎利頂生王復問曰：『梵志！云何相繼之法欲令我學，令我學已，於十五日說從解脫時，沐浴澡洗，昇正殿已，彼天輪寶必從東方來，輪有千輻一切具足，清淨自然非人所造，色如火燄光明昱爍？』國師梵志白曰：『天王！當觀法如法，行法如法，當為太子、后妃、婇女及諸臣民、沙門、梵志乃至蜫蟲，奉持法齋。月八日、十四日、十五日修行布施，施諸窮乏沙門、梵志、貧窮、孤獨、遠來、乞者，以飲食、衣被、車乘、華鬘、散華、塗香、屋舍、床褥、氍氀、綩綖、給使、明燈。若王國中有上尊名德沙門、梵志者，當自隨時往詣彼所，問法受法：『諸尊！何者善法？何者不善法？何者為罪？何者為福？何者為妙？何者非妙？何者為黑？何者為白？黑白之法從何而生？何者現世義？何者後世義？云何作行受善不受惡？』從彼聞已，行如所說。若王國中有貧窮者，當出財物用給恤之。天王！是謂相繼之法，當善取學。善取學已，於十五日說從解脫時，沐浴澡洗，昇正殿已，彼天輪寶必從東方來，輪有千輻一切具足，清淨自然非人所造，色如火熖光明昱爍。』

「剎利頂生王便於後時，觀法如法，行法如法，而為太子、后妃、婇女及諸臣民、沙門、梵志乃至蜫蟲，奉持法齋。月八日、十四日、十五日，修行布施，施諸窮乏沙門、梵志、貧窮、孤獨、遠來、乞者，以飲食、衣被、車乘、華鬘、散華、塗香、屋舍、床褥、氍氀、綩綖、給使、明燈。若其國中有上尊名德沙門、梵志者，便自隨時往詣彼所，問法受法：『諸尊！何者善法？何者不善法？何者為罪？何者為福？何者為妙？何者非妙？何者為黑？何者為白？黑白之法從何而生？何者現世義？何者後世義？云何作行受善不受惡？』從彼聞已，行如所說。

「然國中民有貧窮者，不能出物用給恤之，是為困貧無財物者，不能給恤故人轉窮困，因窮困故便盜他物，因偷盜故其主捕伺收縛，送詣剎利頂生王，白曰：『天王！此人盜我物，願天王治。』剎利頂生王問彼人曰：『汝實盜耶？』彼人白曰：『天王！我實偷盜。所以者何？天王！以貧困故，若不盜者便無以自濟。』剎利頂生王即出財物而給與之，語盜者曰：『汝等還去，後莫復作！』於是國中人民聞剎利頂生王，若國中人有行盜者，王便出財物而給與之，由斯之故，人作是念：『我等亦應盜他財物。』

「於是國人各各競行盜他財物，是為困貧無財物者，不能給恤故人轉窮困，因窮困故盜轉滋甚，因盜滋甚故彼人壽轉減，形色轉惡。

彼壽轉減，色轉惡已，比丘！父壽八萬歲，子壽四萬歲。比丘！彼人壽四萬歲時，有人便行盜他財物，其主捕伺收縛，送詣刹利頂生王，白曰：『天王！此人盜我物，願天王治。』刹利頂生王問彼人曰：『汝實盜耶？』彼人白曰：『天王！我實偷盜。所以者何？以貧困故，若不盜者便無以自濟。』刹利頂生王聞已，便作是念：『若我國中有盜他物，更出財物盡給與者，如是唐空竭國藏，盜遂滋甚，我今寧可作極利刀，若我國中有偷盜者，便收捕取，坐高標下斬截其頭。』

「於是刹利頂生王後便勅令，作極利刀，若國中有盜他物者，即勅捕取，坐高標下斬截其頭。國中人民聞刹利頂生王勅作利刀，若國中有盜他物者，即便捕取，坐高標下斬截其頭；我亦寧可效作利刀，持行劫物，若從劫物者，捉彼物主而截其頭。於是彼人則於後時效作利刀，持行劫物，捉彼物主截斷其頭。是為困貧無財物者，不能給恤故人轉窮困，因窮困故盜轉滋甚，因盜滋甚故刀殺轉增，因刀殺增故彼人壽轉減，形色轉惡。彼壽轉減，色轉惡已，比丘！父壽四萬歲，子壽二萬歲。

「比丘！人壽二萬歲時，有人盜他財物，其主捕伺收縛，送詣剎利頂生王，白曰：『天王！此人盜我財物，願天王治！』剎利頂生王問彼人曰：『汝實盜耶？』時彼盜者便作是念：『剎利頂生王若知其實，或縛鞭我，或拋或擯，或罰錢物，或種種苦治，或貫標上，或梟其首，我寧可以妄言欺誑剎利頂生王耶？』念已白曰：『天王！我不偷盜！』是為困貧無財物者，不能給恤故人轉窮困，因窮困故盜轉滋甚，因盜滋甚故刀殺轉增，因刀殺增故便妄言、兩舌轉增，因妄言、兩舌增故彼人壽轉減，形色轉惡。彼壽轉減，色轉惡已，比丘！父壽二萬歲，子壽一萬歲。

「比丘！人壽萬歲時，人民或有德，或無德。若無德者，彼為有德人起嫉妬意而犯其妻。是為困貧無財物者，不能給恤故人轉窮困，因窮困故盜轉滋甚，因盜滋甚故刀殺轉增，因刀殺增故便妄言、兩舌轉增，因妄言、兩舌增故便嫉妬、邪婬轉增，因嫉妬、邪婬增故彼人壽轉減，形色轉惡。彼壽轉減，色轉惡已，比丘！父壽萬歲，子壽五千歲。

「比丘！人壽五千歲時，三法轉增：非法、欲貪、邪法。因三法增故彼人壽轉減，形色轉惡。彼壽轉減，色轉惡已，比丘！父壽五千歲，子壽二千五百歲。比丘！人壽二千五百歲時，復三法轉增：兩舌、麤言、綺語。因三法增故彼人壽轉減，形色轉惡。彼壽轉減，色轉惡已，比丘！父壽二千五百歲，子壽千歲。比丘！人壽千歲時，一法轉增，邪見是也。因一法增故彼人壽轉減，形色轉惡。彼壽轉減，色轉惡已，比丘！父壽千歲，子壽五百歲。

「比丘！人壽五百歲時，彼人盡壽不孝父母，不能尊敬沙門、梵志，不行順事，不作福業，不見後世罪。彼因不孝父母，不能尊敬沙門、梵志，不行順事，不作福業，不見後世罪故，比丘！父壽五百歲，子壽或二百五十，或二百歲。比丘！今若有長壽，或壽百歲，或不啻者。」

佛復告曰：「比丘！未來久遠時，人壽十歲。比丘！人壽十歲時，女生五月，即便出嫁。比丘！人壽十歲時，有穀名稗子，為第一美食，猶如今人粳粮為上饌。比丘！如是人壽十歲時，有穀名稗子，為第一美食。比丘！人壽十歲時，若今日所有美味，酥油、鹽、蜜、甘蔗、糖，彼一切盡沒。比丘！人壽十歲時，若行十惡業道者，彼便為人所敬重。猶如今日若行十善業道者，彼便為人所敬重。比丘！人壽十歲時，亦復如是，若行十惡業道者，彼便為人之所敬重。比丘！人壽十歲時，都無有善名，況復有行十善業道？

「比丘！人壽十歲時，有人名彌罰，周行遍往，家家彌罰。比丘！人壽十歲時，母於其子極有害心，子亦於母極有害心。父子、兄弟、姊妹、親屬，展轉相向有賊害心。猶如獵師見彼鹿已，極有害心。比丘！人壽十歲時亦復如是，母於其子極有害心，子亦於母極有害心，父子、兄弟、姊妹、親屬，展轉相向有賊害心。比丘！人壽十歲時，當有七日刀兵劫，彼若捉草，即化成刀；若足樵木，亦化成刀。彼以此刀，各各相殺，彼於七日刀兵劫，過七日便止。

「爾時亦有人生慙恥羞愧，厭惡不愛，彼人七日刀兵劫時，便入山野在隱處藏。過七日已，則從山野於隱處出，更互相見，生慈愍心極相愛念，猶如慈母唯有一子，與久離別，從遠來還安隱歸家，相見*歡喜☆，生慈愍心極相愛念。如是彼人過七日後，則從山野於隱處出，更互相見，生慈愍心極相愛念。共相見已，便作是語：『諸賢！我今相見，今得安隱，我等坐生不善法故，今值見此親族死盡，我等寧可共行善法。云何當共行善法耶？我等皆是殺生之人，今寧可共離殺、斷殺，我等應共行是善法！』

「彼便共行如是善法，行善法已，壽便轉增，形色轉好。彼壽轉增，色轉好已，比丘！壽十歲人生子壽二十。比丘！壽二十歲人復作是念：『若求學善者，壽便轉增，形色轉好，我等應共更增行善。云何當共更增行善？我等已共離殺、斷殺，然故共行不與而取，我等寧可離不與取、斷不與取，我等應共行是善法！』彼便共行如是善法，行善法已，壽便轉增，形色轉好。彼壽轉增，色轉好已，比丘！壽二十歲人生子壽四十。

「比丘！壽四十歲人亦作是念：『若求學善者，壽便轉增，形色轉好，我等應共更增行善。云何當共更增行善？我等已離殺、斷殺，離不與取、斷不與取，然故行邪婬；我等寧可離邪婬、斷邪婬，我等應共行是善法！』彼便共行如是善法，行善法已，壽便轉增，形色轉好。彼壽轉增，色轉好已，比丘！壽四十歲人生子壽八十。

「比丘！壽八十歲人亦作是念：『若求學善者，壽便轉增，形色轉好，我等應共更增行善。云何當共更增行善？我等已離殺、斷殺，離不與取、斷不與取，離邪婬、斷邪婬，然故行妄言；我等寧可離妄言、斷妄言，我等應共行是善法！』彼便共行如是善法，行善法已，壽便轉增，形色轉好。彼壽轉增，色轉好已，比丘！壽八十歲人生子壽百六十。

「比丘！壽百六十歲人亦作是念：『若求學善者，壽便轉增，形色轉好，我等應共更增行善。云何當共更增行善？我等已離殺、斷殺，離不與取、斷不與取，離邪婬、斷邪婬，離妄言、斷妄言，然故行兩舌，我等寧可離兩舌、斷兩舌，我等應共行是善法！』彼便共行如是善法，行善法已，壽便轉增，形色轉好。彼壽轉增，色轉好已，比丘！壽百六十歲人生子壽三百二十歲。

「比丘！壽三百二十歲人亦作是念：『若求學善者，壽便轉增，形色轉好，我等應共更增行善。云何當共更增行善？我等已離殺、斷殺，離不與取、斷不與取，離邪婬、斷邪婬，離妄言、斷妄言，離兩舌、斷兩舌，然故行麤言，我等寧可離麤言、斷麤言，我等應共行是善法！』彼便共行如是善法，行善法已，壽便轉增，形色轉好。彼壽轉增，色轉好已，比丘！壽三百二十歲人生子壽六百四十。

「比丘！壽六百四十歲人亦作是念：『若求學善者，壽便轉增，形色轉好，我等應共更增行善。云何當共更增行善？我等已離殺、斷殺，離不與取、斷不與取，離邪婬、斷邪婬，離妄言、斷妄言，離兩舌、斷兩舌，離麤言、斷麤言，然故行綺語，我等寧可離綺語、斷綺語，我等應共行是善法！』彼便共行如是善法，行善法已，壽便轉增，形色轉好。彼壽轉增，色轉好已，比丘！壽六百四十歲人生子壽二千五百。

「比丘！壽二千五百歲人亦作是念：『若求學善者，壽便轉增，形色轉好，我等應共更增行善。云何當共更增行善？我等已離殺、斷殺，離不與取、斷不與取，離邪婬、斷邪婬，離妄言、斷妄言，離兩舌、斷兩舌，離麤言、斷麤言，離綺語、斷綺語，然故行貪嫉，我等寧可離貪嫉、斷貪嫉，我等應共行是善法！』彼便共行如是善法，行善法已，壽便轉增，形色轉好。彼壽轉增，色轉好已，比丘！壽二千五百歲人生子壽五千。

「比丘！壽五千歲人亦作是念：『若求學善者，壽便轉增，形色轉好，我等應共更增行善。云何當共更增行善？我等已離殺、斷殺，離不與取、斷不與取，離邪婬、斷邪婬，離妄言、斷妄言，離兩舌、斷兩舌，離麤言、斷麤言，離綺語、斷綺語，離貪嫉、斷貪嫉，然故行瞋恚，我等寧可離瞋恚、斷瞋恚，我等應共行是善法！』彼便共行如是善法，行善法已，壽便轉增，形色轉好。彼壽轉增，色轉好已，比丘！壽五千歲人生子壽一萬。

「比丘！壽萬歲人亦作是念：『若求學善者，壽便轉增，形色轉好，我等應共更增行善。云何當共更增行善？我等已離殺、斷殺，離不與取、斷不與取，離邪婬、斷邪婬，離妄言、斷妄言，離兩舌、斷兩舌，離麤言、斷麤言，離綺語、斷綺語，離貪嫉、斷貪嫉，離瞋恚、斷瞋恚，然故行邪見，我等寧可離邪見、斷邪見，我等應共行是善法！』彼便共行如是善法，行善法已，壽便轉增，形色轉好。彼壽轉增，色轉好已，比丘！壽萬歲人生子壽二萬。

「比丘！壽二萬歲人亦作是念：『若求學善者，壽便轉增，形色轉好，我等應共更增行善。云何當共更增行善？我等已離殺、斷殺，離不與取、斷不與取，離邪婬、斷邪婬，離妄言、斷妄言，離兩舌、斷兩舌，離麤言、斷麤言，離綺語、斷綺語，離貪嫉、斷貪嫉，離瞋恚、斷瞋恚，離邪見、斷邪見，然故有非法、欲惡、貪行邪法，我等寧可離此三惡不善法、斷三惡不善法，我等應共行是善法！』彼便共行如是善法，行善法已，壽便轉增，形色轉好。彼壽轉增，色轉好已，比丘！壽二萬歲人生子壽四萬。

「比丘！人壽四萬歲時孝順父母，尊重恭敬沙門、梵志，奉行順事修習福業，見後世罪。彼因孝順父母，尊重恭敬沙門、梵志，奉行順事修習福業，見後世罪故，比丘！壽四萬歲人生子壽八萬。比丘！人壽八萬歲時，此閻浮洲極大豐樂，多有人民，村邑相近如雞一飛。比丘！人壽八萬歲時，女年五百乃當出嫁。比丘！人壽八萬歲時，唯有如是病：寒熱、大小便、欲、不食、老，更無餘患。

「比丘！人壽八萬歲時有王名螺，為轉輪王，聰明智慧，有四種軍整御天下，由己自在如法法王，成就七寶。彼七寶者，輪寶、象寶、馬寶、珠寶、女寶、居士寶、主兵臣寶，是謂為七。千子具足，顏貌端正，勇猛無畏能伏他衆。彼必統領此一切地乃至大海，不以刀杖，以法教令，令得安樂。比丘！諸剎利頂生王得為人主，整御天下，行自境界，從父所得。彼因行自境界，從父所得，壽不轉減，形色不惡，未曾失樂，力亦不衰。諸比丘！汝等亦應如是，剃除鬚髮，著袈裟衣，至信捨家無家學道，行自境界，從父所得。諸比丘！汝等因行自境界，從父所得，壽不轉減，形色不惡，未曾失樂，力亦不衰。

「云何比丘行自境界，從父所得？此比丘觀內身如身，觀內覺、心、法如法，是謂比丘行自境界，從父所得。云何比丘壽？此比丘修欲定如意足，依遠離，依無欲，依滅盡，趣向出要；修精進定，修心定，修思惟定如意足，依遠離，依無欲，依滅盡，趣向出要，是謂比丘壽。云何比丘色？此比丘修習禁戒，守護從解脫，又復善攝威儀禮節，見纖介罪常懷畏怖，受持學戒，是謂比丘色。云何比丘樂？此比丘離欲、離惡不善之法，乃至得第四禪成就遊，是謂比丘樂。云何比丘力？此比丘諸漏已盡，得無漏心解脫、慧解脫，於現法中自知自覺，自作證成就遊：生已盡，梵行已立，所作已辦，不更受有，知如真，是謂比丘力。比丘！我不更見有力不可降伏如魔王力，彼漏盡比丘，則以無上聖慧之力而能降伏。」

佛說如是，彼諸比丘聞佛所說，歡喜奉行。

轉輪王經第六竟六千三百一十三字

中阿含經卷第十五八千七百二十一字

中阿含經卷第十六

東晉罽賓三藏瞿曇僧伽提婆譯

（七一）中阿含王相應品蜱肆經第七（第二小土城誦）

我聞如是：一時，尊者鳩摩羅迦葉遊拘薩羅國，與大比丘衆俱，往詣斯想提，住彼村北尸攝想林。

爾時斯想提中有王名蜱肆，極大豐樂，資財無量，畜牧產業不可稱計，封戶食邑種種具足。斯想提邑泉池草木一切屬王，從拘薩羅王波斯匿之所封授。於是斯想提梵志、居士聞：「有沙門名鳩摩羅迦葉，遊拘薩羅國，與大比丘衆俱，來至此斯想提，住彼村北尸攝想林。彼沙門鳩摩羅迦葉，有大名稱周聞十方。鳩摩羅迦葉才辯無礙，所說微妙，彼是多聞阿羅訶也。若有見此阿羅訶恭敬禮事者，快得善利，我等可往見彼沙門鳩摩羅迦葉。」斯想提梵志、居士各與等類相隨而行，從斯想提並共北出，至尸攝想林。

是時蜱肆王在正殿上，遙見斯想提梵志、居士各與等類相隨而行，從斯想提並共北出，至尸攝想林。蜱肆王見已，告侍人曰：「此斯想提梵志、居士，今日何故各與等類相隨而行，從斯想提並共北出，至尸攝想林？」

侍人白曰：「天王！彼斯惒提梵志、居士聞：『有沙門鳩摩羅迦葉遊拘薩羅國，與大比丘眾俱，來至此斯惒提，住彼村北尸攝惒林。』天王！『彼沙門鳩摩羅迦葉，有大名稱周聞十方。鳩摩羅迦葉才辯無礙，所說微妙，彼是多聞阿羅訶也。若有見此阿羅訶恭敬禮事者，快得善利，我等可往見彼沙門鳩摩羅迦葉。』天王！是故斯惒提梵志、居士各與等類相隨而行，從斯惒提並共北出，至尸攝惒林。」

蜱肆王聞已，告侍人曰：「汝往詣彼斯惒提梵志、居士所，而語之曰：『蜱肆王告斯惒提梵志、居士：「諸賢可住！我與汝等共往見彼沙門鳩摩羅迦葉。汝等愚癡，勿為彼所欺：為有後世，有眾生生。我如是見，如是說：無有後世，無眾生生。」』」

侍人受教，即往詣彼斯𡨥提梵志、居士所，而語之曰：「蜱肆王告斯𡨥提梵志、居士：『諸賢可住！我與汝等共往見彼沙門鳩摩羅迦葉。汝等愚癡，勿為彼所欺：為有後世，有眾生生。我如是見、如是說：無有後世，無眾生生。』」

斯𡨥提梵志、居士聞此教已，答侍人曰：「輒如來勅。」

侍人還啟：「已宣王命，彼斯𡨥提梵志、居士住待天王，唯願天王宜知是時。」

時蜱肆王即勅御者：「汝速嚴駕！我今欲行。」

御者受教，即速嚴駕，訖還白王：「嚴駕已*辦，隨天王意。」

時蜱肆王即乘車出，往詣斯𡨥提梵志、居士所，與共行至尸攝𡨥林。時蜱肆王遙見尊者鳩摩羅迦葉在樹林間，即下車步進，往詣尊者鳩摩羅迦葉所，共相問訊，却坐一面，問曰：「迦葉！我今欲問，寧見聽耶？」

尊者鳩摩羅迦葉告曰：「蜱肆！若欲問者便可問之，我聞已當思。」

時蜱肆王即便問曰：「迦葉！我如是見，如是說：無有後世，無眾生生。沙門鳩摩羅迦葉！於意云何？」

尊者鳩摩羅迦葉告曰：「蜱肆！我今問王，隨所解答。於王意云何？今此日月，為是今世？為後世耶？」

蜱肆答曰：「沙門鳩摩羅迦葉雖作是說，但我如是見，如是說：無有後世，無眾生生。」

尊者鳩摩羅迦葉告曰：「蜱肆！復更有惡而過此耶？」

蜱肆答曰：「如是，迦葉！復更有惡。迦葉！我有親親疾病困篤，我往彼所，到已謂言：『汝等當知我如是見，如是說：無有後世，無衆生生。親親！有沙門、梵志如是見，如是說，言有後世，有衆生生。我常不信彼之所說。彼復作是語：「若有男女作惡行，不精進，事惰、懈怠，嫉妬、慳貪，不舒手、不庶幾，極著財物。彼因緣此，身壞命終必至惡處，生地獄中。」若彼沙門、梵志所說是真實者，汝等是我親親，作惡行，不精進，事惰、懈怠，嫉妬、慳貪，不舒手、不庶幾，極著財物。若汝等身壞命終必至惡處，生地獄中者，可還語我：「蜱肆！彼地獄中如是如是苦。」若當爾者，我便現見。』彼聞我語，受我教已，都無有來語我言：『蜱肆！彼地獄中如是如是苦。』迦葉！因此事故，我作是念：無有後世，無衆生生。」

尊者鳩摩羅迦葉告曰：「蜱肆！我復問王，隨所解答。若有王人收縛罪者，送至王所白曰：『天王！此人有罪，王當治之。』王告彼曰：『汝等將去反縛兩手，令彼騎驢，打破敗鼓，聲如驢鳴。遍宣令已，從城南門出，坐高標下斬斷其頭。』彼受教已，即反縛罪人，令其騎驢，打破敗鼓，聲如驢鳴。遍宣令已，從城南門出，坐高標下欲斬其頭，此人臨死語彼卒曰：『汝且小住，我欲得見父母、妻子、奴婢、使人，聽我暫去。』於王意云何？彼卒寧當放斯罪人，聽暫去耶？」

蜱肆答曰：「不也，迦葉！」

尊者鳩摩羅迦葉告曰：「蜱肆！王親親者亦復如是，作惡行，不精進，事惰、懈怠，嫉妬、慳貪，不舒手、不庶幾，極著財物。彼因緣此，身壞命終必至惡處，生地獄中。地獄卒捉極苦治時，彼語卒曰：『諸地獄卒！汝等小住，莫苦治我！我欲暫去詣蜱肆王，告語之曰：「彼地獄中如是如是苦。」令彼現見。』於王意云何？彼地獄卒寧當放王親親令暫來耶？」

蜱肆答曰：「不也，迦葉！」

尊者鳩摩羅迦葉告曰：「蜱肆！汝應如是觀，於後世莫如肉眼之所見也。蜱肆！若有沙門、梵志斷絕離欲，趣向離欲；斷絕離恚，趣向離恚；斷絕離癡，趣向離癡。彼以清淨天眼出過於人，見此衆生死時、生時，好色、惡色，或妙、不妙，往來善處及不善處，隨此衆生之所作業，見其如真。」

蜱肆王復言：「沙門鳩摩羅迦葉雖作是說，但我如是見，如是說：無有後世，無衆生生。」

尊者鳩摩羅迦葉告曰：「蜱肆！復更有惡而過此耶？」

蜱肆答曰：「如是，迦葉！復更有惡。迦葉！我有親親疾病困篤，我往彼所，到已謂言：『汝等當知我如是見，如是說：無有後世，無衆生生。親親！有沙門、梵志如是見，如是說，言有後世，有衆生生，我常不信彼之所說。彼復作是語：「若有男女妙行精進，精勤不懈，無有嫉妬亦不慳貪，舒手、庶幾，開意放捨，給諸孤窮常樂施與，不著財物。彼因緣此，身壞命終必昇善處，乃生天上。」若彼沙門、梵志所說是真實者，汝等是我親親妙行精進，精勤不懈，無有嫉妬亦不慳貪，舒手、庶幾，開意放捨，給諸孤窮常樂施與，不著財物。若汝等身壞命終必昇善處，生天上者，可還語我：「蜱肆！天上如是如是樂。」若當爾者，我便現見。』彼聞我語，受我教已，都無有來語我言：『蜱肆！天上如是如是樂。』迦葉！因此事故，我作是念：無有後世，無衆生生。」

尊者鳩摩羅迦葉告曰：「蜱肆！聽我說喻，慧者聞喻則解其義。蜱肆！猶村邑外有都圊厠，深沒人頭糞滿其中，而有一人墮沒厠底。若復有人為慈愍彼，求義及饒益，求安隱快樂，便從厠上徐徐挽出，刮以竹片，拭以樹葉，洗以暖湯。彼於後時淨澡浴已，以香塗身，昇正殿上，以五所欲而娛樂之。於王意云何？彼人寧復憶念先厠，歡喜稱譽，復欲見耶？」

蜱肆答曰：「不也，迦葉！若更有人憶念彼厠，歡喜稱譽而欲見者，便不愛此人，況復自憶念先厠，歡喜稱譽復欲見者，是處不然！」

「蜱肆！若王有親親妙行精進，精勤不懈，無有嫉妬亦不慳貪，舒手、庶幾，開意放捨，給諸孤窮常樂施與，不著財物。彼因緣此，身壞命終必昇善處，乃生天上。生天上已，天五所欲而自娛樂。於王意云何？彼天天子寧當捨彼天五所欲，憶念於此人間五欲，歡喜稱譽，復欲見耶？」

蜱肆答曰：「不也，迦葉！所以者何？人間五欲臭處不淨甚可*憎惡，而不可向，不可愛念，癰瘡不淨。迦葉！比於人間五所欲者，天欲為最，最上最好，最妙最勝。若彼天天子捨天五欲，而更憶念人間五欲，歡喜稱譽，復欲見者，是處不然！」

「蜱肆！汝應如是觀於後世，莫如肉眼之所見也。蜱肆！若有沙門、梵志斷絕離欲，趣向離欲；斷絕離恚，趣向離恚；斷絕離癡，趣向離癡。彼以清淨天眼出過於人，見此眾生死時、生時，好色、惡色，或妙、不妙，往來善處及不善處，隨此眾生之所作業，見其如真。」

蜱肆王復言：「沙門鳩摩羅迦葉雖作是說，但我如是見，如是說：無有後世，無眾生生。」

尊者鳩摩羅迦葉告曰：「蜱肆！復更有惡而過是耶？」

蜱肆答曰：「如是，迦葉！復更有惡。迦葉！我有親親疾病困篤，我往彼所，到已謂言：『汝等當知我如是見，如是說：無有後世，無衆生生。親親！有沙門、梵志如是見，如是說，言有後世，有衆生生。我常不信彼之所說。彼復作是語：「若有男女妙行精進，精勤不懈，無有嫉妬亦不慳貪，舒手、庶幾，開意放捨，給*諸孤窮常樂施與，不著財物。彼因緣此，身壞命終必昇善處，乃生天上。」若彼沙門、梵志所說是真實者，汝等是我親親，妙行精進，精勤不懈，無有嫉妬亦不慳貪，舒手、庶幾，開意放捨，給諸孤窮常樂施與，不著財物。若汝等身壞命終必昇善處，生天上者，可還語我：「蜱肆！天上如是如是樂。」若汝天上而作是念：我若還歸，當何所得？蜱肆王家多有財物，吾當與汝。』彼聞我語，受我教已，都無有來語我言：『蜱肆！天上如是如是樂。』迦葉！因此事故，我作是念：無有後世，無衆生生。」

尊者鳩摩羅迦葉告曰：「蜱肆！天上壽長，人間命短。若人間百歲，是三十三天一日一夜，如是一日一夜，月三十日，年十二月，三十三天天壽千年。於王意云何？若汝有親親妙行精進，⊙精勤不懈，無有嫉妬亦不慳貪，舒手、庶幾，開意放捨，給諸孤窮常樂施與，不著財物。彼因緣此，身壞命終必昇善處，乃生天上。生天上已，便作是念：我等先當一日一夜，以天五欲而自娛樂；或二、三、四，至六、七日，以天五欲而自娛樂，然後當往語蜱肆王：『天上如是如是樂。』令彼現見。於王意云何？汝竟當得爾所活不？」

蜱肆問曰：「迦葉！誰從後世來語沙門鳩摩羅迦葉，天上壽長，人間命短。若人間百歲，是三十三天一日一夜；如是一日一夜，月三十日，年十二月，三十三天天壽千年？」

尊者鳩摩羅迦葉告曰：「蜱肆！聽我說喻，慧者聞喻則解其義。蜱肆！猶如盲人，彼作是說：『無黑白色，亦無見黑白色；無長短色，亦無見長短色；無近遠色，亦無見近遠色；無麤細色，亦無見麤細色。何以故？我初不見不知，是故無有色。』彼盲如是說，為真說耶？」

蜱肆答曰：「不也，迦葉！所以者何？迦葉！有黑白色，亦有見黑白色；有長短色，亦有見長短色；有近遠色，亦有見近遠色；有麤細色，亦有見麤細色。若盲作是說：我不見不知，是故無有色者，彼作是說，為不真實。」

尊者鳩摩羅迦葉告曰：「蜱肆王亦如盲，若王作是說：『誰從後世來語沙門鳩摩羅迦葉，天上壽長，人間命短。若人間百歲，是三十三天一日一夜；如是一日一夜，月三十日，年十二月，三十三天天壽千年？』」

蜱肆王言：「沙門鳩摩羅迦葉！大為不可！不應作是說！所以者何？沙門鳩摩羅迦葉精進比我如盲。迦葉！若知我知我親親妙行精進，精勤不懈，無有嫉妬亦不慳貪，舒手、庶幾，開意放捨，給諸孤窮常樂施與，不著財物。彼因緣此，身壞命終必昇善處，生天上者。迦葉！我今便應即行布施，修諸福業，奉齋守戒已，以刀自殺，或服毒藥，或投坑井，或自縊死。沙門鳩摩羅迦葉精進不應比我如彼盲人。」

尊者鳩摩羅迦葉告曰：「蜱肆！復聽我說喻，慧者聞喻則解其義。蜱肆！猶如梵志有年少婦，方始懷妊，又前婦者已有一男，而彼梵志於其中間忽便命終，命終之後，彼前婦兒語小母曰：『小母！當知今此家中所有財物盡應屬我，不復見應可與分者。』小母報曰：『我今懷妊，若生男者，汝應與分；若生女者，物盡屬汝。』彼前婦兒復更再三語小母曰：『今此家中所有財物盡應屬我，不復見應可與分者。』小母亦復再三報曰：『我今懷妊，若生男者，汝應與分；若生女者，物盡屬汝。』於是小母愚癡不達，不善曉解無有智慧，欲求存命而反自害，即入室中便取利刀，自決其腹，看為是男？為是女耶？彼愚癡不達，不善曉解無有智慧，欲求存命而反自害及*腹中子。

「當知蜱肆亦復如是！愚癡不達，不善曉解無有智慧，欲求存命，反作是念：『迦葉！若知我知我親親妙行精進，精勤不懈，無有嫉妬亦不慳貪，舒手、庶幾，開意放捨，給諸孤窮常樂施與，不著財物。彼因緣此，身壞命終必昇善處，生天上者。我今便應即行布施，修諸福業，奉齋守戒已，以刀自殺，或服毒藥，或投坑井，或自縊死。沙門鳩摩羅迦葉精進不應比我如彼盲人。』蜱肆！若精進人長壽者，便得大福；若得大福者，便得生天長壽。蜱肆！汝應如是觀於後世，莫如肉眼之所見也。蜱肆！若有沙門、梵志斷絕離欲，趣向離欲；斷絕離恚，趣向離恚；斷絕離癡，趣向離癡。彼以清淨天眼出過於人，見此衆生死時、生時，好色、惡色，或妙、不妙，往來善處及不善處，隨此衆生之所作業，見其如真。」

蜱肆王復言：「沙門鳩摩羅迦葉雖作是說，但我如是見，如是說：無有後世，無衆生生。」

尊者鳩摩羅迦葉告曰：「蜱肆！復更有惡而過此耶？」

蜱肆答曰：「如是，迦葉！復更有惡。迦葉！我有親親疾病困篤，我往彼所慰勞看彼，彼亦慰勞視我。彼若命終，我復詣彼慰勞看彼，彼亦不復慰勞視我，我亦不復慰勞看彼。迦葉！以此事故，我作是念：無衆生生。」

尊者鳩摩羅迦葉告曰：「蜱肆！復聽我說喻，慧者聞喻則解其義。蜱肆！猶如有人善能吹螺，若彼方土未曾聞螺聲，便往彼方，於夜闇中昇高山上盡力吹螺。彼衆多人未曾聞螺聲，聞已便念：『此為何聲？如是極妙為甚奇特！實可愛樂，好可觀聽，令心歡悅。』時彼衆人便共往詣善吹螺人所，到已問曰：『此是何聲？如是極妙為甚奇特！實可愛樂，好可觀聽，令心歡悅。』善吹螺人以螺投地，語衆人曰：『諸君！當知即此螺聲。』於是衆人以足蹴螺，而作是語：『螺可出聲！螺可出聲！』寂無音響，善吹螺人便作是念：『今此衆人愚癡不達，不善曉解，無有智慧。所以者何？乃從無知之物欲求音聲。』

「是時善吹螺人還取彼螺，以水淨洗便舉向口，盡力吹之。時彼衆人聞已，作是念：『螺甚奇妙！所以者何？謂因手因水因口，風吹便生好聲，周滿四方。』如是，蜱肆！若人活命存者，則能言語共相慰勞；若其命終，便不能言共相慰勞。蜱肆！汝應如是觀衆生生，莫如肉眼之所見也。蜱肆！若有沙門、梵志斷絕離欲，趣向離欲；斷絕離恚，趣向離恚；斷絕離癡，趣向離癡。彼以清淨天眼出過於人，見此衆生死時、生時，好色、惡色，或妙、不妙，往來善處乃不善處，隨此衆生之所作業，見其如真。」

蜱肆王復言：「沙門鳩摩羅迦葉雖作是說，但我如是見，如是說：無衆生生。」

尊者鳩摩羅迦葉告曰：「蜱肆！復更有惡而過此耶？」

蜱肆答曰：「如是，迦葉！復更有惡。迦葉！我有*有司☆收捕罪人，送詣我所，到已白曰：『天王！此人有罪，願王治之！』我語彼曰：『取此罪人可生稱之，生稱之已，還下著地，以繩絞殺，殺已復稱。我欲得知此人為何時極輕柔軟，色悅澤好？為死時耶？為活時耶？』彼受我教，取此罪人，活稱之已，還下著地，以繩絞殺，殺已復稱。彼罪人活時極輕柔軟，色悅澤好；彼人死已皮轉厚重，堅不柔軟，色不悅澤。迦葉！因此事故，我作是念：無眾生生。」

尊者鳩摩羅迦葉告曰：「蜱肆！復聽我說喻，慧者聞喻則解其義。*蜱肆！猶如鐵丸或鐵犁鑱，竟日火燒。彼當爾時極輕柔軟，色悅澤好；若火滅已，漸漸就冷轉凝厚重，堅不柔軟，色不悅澤。如是，蜱肆！若人活時身體極輕柔軟，色悅澤好；若彼死已便轉厚重，堅不柔軟，色不悅澤。蜱肆！汝應如是觀衆生生，莫如肉眼之所見也。蜱肆！若有沙門、梵志斷絕離欲，趣向離欲；斷絕離恚，趣向離恚；斷絕離癡，趣向離癡。彼以清淨天眼出過於人，見衆生死時、生時，好色、惡色，或妙、不妙，往來善處及不善處，隨此衆生之所作業，見其如真。」

蜱肆王復言：「沙門鳩摩羅迦葉雖作是說，但我如是見，如是說：無衆生生。」

尊者鳩摩羅迦葉告曰：「蜱肆！復更有惡而過此耶？」

蜱肆答曰：「如是，迦葉！復更有惡。迦葉！我有*有司☆，收捕罪人送詣我所，到已白曰：『天王！此人有罪，願王治之！』我語彼曰：『取此罪人倒著鐵釜中，或著銅釜中，密蓋其口，於下燃火。下燃火已，觀視眾生入時出時，往來周旋。』彼受我教，取此罪人倒著鐵釜中，或著銅釜中，密蓋其口，於下燃火。下燃火已，觀視眾生入時出時，往來周旋。迦葉！我作如是方便不見眾生生。迦葉！因此事故，我作是念：無眾生生。」

尊者鳩摩羅迦葉告曰：「蜱肆！我今問汝，隨所解答。於意云何？若汝食好極美上饌，晝寢於床，汝頗曾憶於夢中見園觀浴池、林木華果、清泉長流，極意遊戲周旋往來耶？」

蜱肆答曰：「曾憶有之。」

迦葉復問：「若汝食好極美上饌，晝寢於床，爾時頗有直侍人不？」

答曰：「有也。」

迦葉復問：「若汝食好極美上饌，晝寢於床，當爾之時，左右直侍，頗有見汝出入周旋往來時耶？」

蜱肆答曰：「正使異人亦不能見，況復左右直侍人耶？」

「蜱肆！汝應如是觀眾生生，莫如肉眼之所見也。蜱肆！若有沙門、梵志斷絕離欲，趣向離欲；斷絕離恚，趣向離恚；斷絕離癡，趣向離癡。彼以清淨天眼出過於人，見此眾生死時、生時，好色、惡色，或妙、不妙，往來善處及不善處，隨此眾生之所作業，見其如真。」

蜱肆王復言：「沙門鳩摩羅迦葉雖作是說，但我如是見，如是說：無衆生生。」

尊者鳩摩羅迦葉告曰：「蜱肆！復更有惡而過此耶？」

蜱肆答曰：「如是，迦葉！復更有惡。迦葉！我有右伺收捕罪人，送詣我所，到已白曰：『天王！此人有罪，願王治之！』我語彼曰：『取此罪人剝皮剝肉，截筋破骨乃至於髓，求衆生生。』彼受我教，取此罪人剝皮剝肉，截筋破骨乃至於髓，求衆生生。迦葉！我作如是方便求衆生生，而竟不見衆生生。迦葉！因此事故，我作是念：無衆生生。」

尊者鳩摩羅迦葉告曰：「蜱肆！復聽我說喻，慧者聞喻則解其義。蜱肆！猶如事火編髮梵志居近道邊，去彼不遠有商人宿。時諸商人過夜平旦怱怱發去，忘一小兒。於是事火編髮梵志，早起案行商人宿處，見一小兒獨住失主，見已念曰：『今此小兒無所依怙，我不養者必死無疑。』便抱持去，還至本處，而養長之，此兒轉大諸根成就。爾時事火編髮梵志，彼於人間有小事緣，於是事火編髮梵志勑年少曰：『我有小事暫出人間。汝當種火慎莫令滅！若火滅者，汝可取此火鑽求之。』

「爾時事火編髮梵志善教勑已，即至人間。於後年少便出遊戲，火遂滅盡。彼還求火，即取火鑽以用打地，而作是語：『火出！火出！』火竟不出。復於石上加力打之：『火出！火出！』火亦不出。火既不出，便破火鑽十片、百片，棄去坐地，愁惱而言：『不能得火，當如之何？』是時事火編髮梵志彼於人間所作已訖，還歸本處，到已問曰：『年少！汝不遊戲隨視種火，不令滅耶？』年少白曰：『尊者！我出遊戲，火後遂滅。我還求火，即取火鑽以用打地，而作是語：「火出！火出！」火竟不出。復於石上加力打之：「火出！火出！」火亦不出。火既不出，便破火鑽十片、百片，棄去坐地。尊者！我如是求，不能得火當如之何？』

「爾時事火編髮梵志便作是念：『今此年少甚癡不達，不善曉解，無有智慧。所以者何？從無知火鑽作如是意求索火耶？』於是事火編髮梵志取燥火鑽火母，著地而以鑽之，即便火出，轉轉熾盛，語年少曰：『年少！求火法應如是！不應如*汝愚癡不達無有智慧，從無知火鑽作如是意求索於火。』當知蜱肆亦復如是，愚癡不達，不善曉解無有智慧，於無知死肉乃至骨髓求眾生生。蜱肆！汝應如是觀眾生生，莫如肉眼之所見也。蜱肆！若有沙門、梵志斷絕離欲，趣向離欲；斷絕離恚，趣向離恚；斷絕離癡，趣向離癡。彼以清淨天眼出過於人，見此眾生死時、生時，好色、惡色，或妙、不妙，往來善處及不善處，隨此眾生之所作業，見其如真。」

蜱肆王復言：「沙門鳩摩羅迦葉雖作是說，但我此見欲取、恚取、怖取、癡取，終不能捨。所以者何？若有他國異人聞之，便作是說：『蜱肆王有見長夜受持，彼為沙門鳩摩羅迦葉之所降伏、所治斷捨。』迦葉！是故我此見欲取、恚取、怖取、癡取，終不能捨。」

尊者鳩摩羅迦葉告曰：「蜱肆！聽我說喻，慧者聞喻則解其義。蜱肆！猶如朋友二人捨家治生，彼行道時，初見有麻甚多無主。一人見已，便語伴曰：『汝當知之！今此有麻甚多無主，我欲與汝共取，自重而擔，還歸可得資用。』便取重擔。彼於道路復見多有劫貝紗縷及劫貝衣甚多無主，復見多銀亦無有主。一人見已，便棄麻擔取銀自重。復於道路見多金聚而無有主，時擔銀人語擔麻者：『汝今當知，此金極多而無有主，汝可捨麻，我捨銀擔，我欲與汝共取此金，重擔而歸，可得供用。』彼擔麻者語擔銀人：『我此麻擔已好，裝治縛束已堅，從遠擔來，我不能捨。汝且自知，勿憂我也。』於是擔銀人強奪麻擔，撲著於地而拋壞之。彼擔麻者語擔銀人：『汝已如是，拋壞我擔。我此麻擔縛束已堅，所來處遠，我要自欲擔此麻歸，終不捨之。汝且自知，勿憂我也。』

「彼擔銀人即捨銀擔，便自取金重擔而還。擔金人歸，父母遙見擔金來歸，見已嘆曰：『善來！賢子！快來！賢子！汝因是金快得生活，供養父母，供給妻子、奴婢、使人，復可布施沙門、梵志，作福昇上，善果善報生天長壽。』彼擔麻者還歸其家，父母遙見擔麻來歸，見已罵曰：『汝罪人來！無德人來！汝因此麻，不得生活，供養父母，供給妻子、奴婢、使人，又亦不得布施沙門及諸梵志，作福昇上，善果善報生天長壽。』當知蜱肆亦復如是！若汝此見欲取、恚取、怖取、癡取，終不捨者，汝便當受無量之惡，亦為衆人之所增惡。」

蜱肆王復言：「沙門鳩摩羅迦葉雖作是說，但我此見欲取、恚取、怖取、癡取，終不能捨。所以者何？若有他國異人聞之，便作是說：『蜱肆王有見長夜受持，彼為沙門鳩摩羅迦葉之所降伏、所治斷捨。』迦葉！是故我此見欲取、恚取、怖取、癡取，終不能捨。」

尊者鳩摩羅迦葉告曰：「蜱肆！復聽我說喻，慧者聞喻則解其義。蜱肆！猶如商人與其大衆有千乘車，行飢儉道。此大衆中而有兩主，彼作是念：『我等何因得脫此難？』復作是念：『我此大衆應分為兩部，部各五百。』彼商人衆便分為兩部，部各五百。於是一商人主將五百乘至飢儉道，彼商人主常在前導，見有一人從傍道來，衣服盡濕，身黑頭黃兩眼極赤，著蘅華鬘而乘驢車，泥著兩轂。彼商人主見，便問曰：『飢儉道中有天雨不？彼有新水、樵及草耶？』彼人答曰：『飢儉道中天降大雨，極有新水乃饒樵草。諸賢！汝等可捨故水、樵草，莫令乘乏，汝等不久當得新水及好樵草。』

「彼商人主聞已即還，詣諸商人而告之曰：『我在前行，見有一人從傍道來，衣服盡濕，身黑頭黃兩眼極赤，著蘅華鬘而乘驢車，泥著兩轂。我問彼曰：「飢儉道中有天雨不？彼有新水、樵及草耶？」彼答我曰：「飢儉道中天降大雨，極有新水乃饒樵草。諸賢！汝等可捨故水、樵草，莫令乘乏。汝等不久當得新水及好樵草。」諸商人！我等可捨故水、樵草，如是不久當得新水、樵草，莫令乘乏。』彼商人等即便棄捨故水、樵草，一日行道，不得新水、樵草；二日、三日乃至七日行道，猶故不得新水、樵草。過七日已，為食人鬼之所殺害。

「第二商人主便作是念：『前商人主已過嶮難，我等今當以何方便復得脫難？』第二商人主作是念已，與五百車即便俱進至飢儉道。第二商人主自在前導，見有一人從傍道來，衣服盡濕，身黑頭黃兩眼極赤，著衡華鬘而乘驢車，泥著兩轂。第二商人主見便問曰：『飢儉道中有天雨不？彼有新水、樵及草耶？』彼人答曰：『飢儉道中天降大雨，極有新水乃饒樵草。諸賢！汝等可捨故水、樵草，莫令乘乏，汝等不久當得新水及好樵草。』

「第二商人主聞已即還，詣諸商人而告之曰：「我在前行見有一人從傍道來，衣服盡濕，身黑頭黃兩眼極赤，著蘅華鬘而乘驢車，泥著兩轂。我問彼曰：「飢儉道中有天雨不？彼有新水、樵及草耶？」彼答我曰：「飢儉道中天適大雨，極有新水乃饒樵草，諸賢！汝等可捨故水、樵草，莫令乘乏，汝等不久當得新水及好樵草。」諸商人！我等未可捨故水、樵草，若得新水、樵草，然後當棄。』彼不捨故水、樵草，一日行道，不得新水、樵草；二日、三日乃至七日行道，猶故不得新水、樵草。第二商人主在前行時，見前第一商人主及諸商人，為食人鬼之所殺害。第二商人主見已，語諸商人：『汝等看前商人主愚癡不達，不善曉解無有智慧，既自殺身，復殺諸人。汝等商人，若欲取前諸商人物，自恣取之。』當知蜱肆亦復如是，若汝此見欲取、恚取、怖取、癡取，終不捨者，汝便當受無量之惡，亦為眾人之所憎惡，猶前第一商人之主及諸商人。」

蜱肆王復言：「沙門鳩摩羅迦葉雖作是說，但我此見欲取、恚取、怖取、癡取，終不能捨。所以者何？若有他國異人聞之，便作是說：『蜱肆王有見長夜受持，彼為沙門鳩摩羅迦葉之所降伏、所治斷捨。』迦葉！是故我此見欲取、恚取、怖取、癡取，終不能捨。」

尊者鳩摩羅迦葉告曰：「蜱肆！復聽我說喻，慧者聞喻則解其義。蜱肆！猶如二人許戲賭麨，第一戲者並竊食之，食一、二、三或至眾多。第二戲者便作是念：『共此人戲，數數欺我而偷麨食，或一、二、三或至眾多。』見如是已，語彼伴曰：『我今欲息，後當更戲。

』於是第二戲者離於彼處，便以毒藥用塗其𩐁，塗已即還，語其伴曰：『可來共戲，即來共戲！』第一戲者復竊𩐁食，或一、二、三或至眾多。既食𩐁已，即便戴眼吐沫欲死。於是第二戲者向第一戲人即說頌曰：

此𩐁毒藥塗，　汝貪食不覺，　坐為𩐁欺我，　後必致苦患。

「當知蜱肆亦復如是，若汝此見欲取、恚取、怖取、癡取，終不捨者，汝便當受無量之惡，亦為眾人之所憎惡，猶如戲人為𩐁欺他，還自得殃。」

蜱肆王復言：「沙門鳩摩羅迦葉雖作是說，但我此見欲取、恚取、怖取、癡取，終不能捨。所以者何？若有他國異人聞之，便作是說

：『蜱肆王有見長夜受持，彼為沙門鳩摩羅迦葉之所降伏、所治斷捨。』迦葉！是故我此見欲取、恚取、怖取、癡取，終不能捨。」

尊者鳩摩羅迦葉告曰：「蜱肆！復聽我說喻，慧者聞喻則解其義。蜱肆！猶養猪人，彼行路時，見有燺糞甚多無主，便作是念：『此糞可以養飽多猪，我寧可取自重而去。』即取負去。彼於中道遇天大雨，糞液流漫澆汚其身，故負持去，終不棄捨。彼則自受無量之惡，亦為衆人之所憎惡。當知蜱肆亦復如是！若汝此見欲取、恚取、怖取、癡取，終不捨者，汝便當受無量之惡，亦為衆人之所憎惡，猶養猪人。」

蜱肆王復言：「沙門鳩摩羅迦葉雖作是說，但我此見欲取、恚取、怖取、癡取，終不能捨。所以者何？若有他國異人聞之，便作是說：『蜱肆王有見長夜受持，彼為沙門鳩摩羅迦葉之所降伏、所治斷捨。』迦葉！是故我此見欲取、恚取、怖取、癡取，終不能捨。」

尊者鳩摩羅迦葉告曰：「蜱肆！復聽我說最後譬喻。若汝知者，善；若不知者，我不復說法。蜱肆！猶如大猪為五百猪王，行嶮難道，彼於中路遇見一虎。猪見虎已，便作是念：『若與鬪者，虎必殺我；若畏走者，然諸親族便輕慢我。不知今當以何方便得脫此難？』作是念已，而語虎曰：『若欲鬪者，便可共鬪；若不爾者，借我道過。』彼虎聞已，便語猪曰：『聽汝共鬪，不借汝道。』猪復語曰：『虎！汝小住！待我被著祖父時鎧，還當共戰。』彼虎聞已，而作是念：

『彼非我敵，況祖父鎧耶？』便語猪曰：『隨汝所欲！』猪即還至本厠處所，婉轉糞中塗身至眼已，便往至虎所，語曰：『汝欲鬪者，便可共鬪；若不爾者，借我道過。』虎見猪已，復作是念：『我常不食雜小蟲者，以惜牙故，況復當近此臭猪耶？』虎念是已，便語猪曰：『我借汝道，不與汝鬪。』猪得過已，則還向虎而說頌曰：

虎汝有四足，　我亦有四足，　汝來共我鬪，　何意怖而走？

「時虎聞已，亦復說頌而答猪曰：

汝毛豎森森，　諸畜中下極，　猪汝可速去，　糞臭不可堪。

「時猪自誇，復說頌曰：

摩竭鴦二國，　聞我共汝鬪，　汝來共我戰，　何以怖而走？

「虎聞此已，復說頌曰：

擧身毛皆汚，　猪汝臭熏我，
汝鬪欲求勝，　我今與汝勝。」

尊者鳩摩羅迦葉告曰：「蜱肆！我亦如是，若汝此見欲取、恚取、怖取、癡取，終不捨者，汝便自受無量之惡，亦為衆人之所憎惡，猶如彼虎與猪勝也。」

蜱肆王聞已，白曰：「尊者！初說日月喻時，我聞即解，歡喜奉受。然我欲從尊者鳩摩羅迦葉，求上復上妙智所說，是故我向問復問耳！我今自歸尊者鳩摩羅迦葉。」

尊者鳩摩羅迦葉告曰：「蜱肆！汝莫歸我！我所歸佛，汝亦應歸。」

蜱肆王白曰：「尊者！我今自歸佛、法及比丘衆，願尊者鳩摩羅迦葉為佛受我為優婆塞！從今日始，終身自歸乃至命盡。尊者鳩摩羅迦葉！我從今日始行布施修福。」

尊者鳩摩羅迦葉問曰：「蜱肆！汝欲行施修福，施與幾人？能至幾時？」

蜱肆王白曰：「布施百人，或至千人；一日、二日，或至七日。」

尊者鳩摩羅迦葉告曰：「若王行施修福，布施百人，或至千人；一日、二日，或至七日者，諸方沙門、梵志盡聞：『蜱肆王有見長夜受持，彼為沙門鳩摩羅迦葉之所降伏、所治斷捨。』諸方聞已，盡當遠來，七日之中不及王施；若不得食王信施者，王便無福，不得長夜受其安樂。蜱肆王！猶如種子不碎不壞，不剖不坼，非風非日，非水中傷，秋時好藏。若彼居士深耕良田，極治地已，隨時下種，然雨澤不適者，於蜱肆意云何？彼種可得生增長不？」

答曰：「不也。」

尊者鳩摩羅迦葉告曰：「蜱肆！汝亦如是，若行施修福，布施百人或至千人；一日、二日，或至七日者，諸方沙門、梵志盡聞：『蜱肆王有見長夜受持，彼為沙門鳩摩羅迦葉之所降伏、所治斷捨。』諸方聞已，盡當遠來，七日之中不及王施；若不得食王信施者，王便無福，不得長夜受其安樂。」

蜱肆王復問曰：「尊者！我當云何？」

尊者鳩摩羅迦葉答曰：「蜱肆！汝當行施修福，常供長齋。若蜱肆王行施修福，常供長齋者，諸方沙門、梵志聞：『蜱肆王有見長夜受持，彼為沙門鳩摩羅迦葉之所降伏、所治斷捨。』諸方聞已，盡當遠來，彼皆可得及王信施，王便有福，而得長夜受其安樂。蜱肆！猶如種子不碎不壞，不剖不坼，非風非日，非水中傷，秋時好藏。若彼居士深耕良田，極治地已，隨時下種，雨澤適者，於蜱肆意云何？彼種可得生增長不？」

答曰：「生也。」

尊者鳩摩羅迦葉告曰：「蜱肆！汝亦如是。若當行施修福，常供長齋者，諸方沙門、梵志聞：『蜱肆王有見長夜受持，彼為沙門鳩摩羅迦葉之所降伏、所治斷捨。』諸方聞已，盡當遠來，彼皆可得及王信施；王便有福，而得長夜受其安樂。」

於是蜱肆王白曰：「尊者！我從今始行施修福，常供長齋。」

爾時尊者鳩摩羅迦葉，為蜱肆王及斯秘提梵志、居士說法，勸發渴仰，成就歡喜。無量方便為彼說法，勸發渴仰，成就歡喜已，默然而住。於是蜱肆王及斯秘提梵志、居士，尊者鳩摩羅迦葉為其說法，勸發渴仰，成就歡喜已，即從坐起，稽首尊者鳩摩羅迦葉足，繞三匝而去。

彼蜱肆王雖行施修福，然極惡麤弊，豆羹菜茹，唯一片薑，又復施以麤弊布衣。時監厨者名優多羅，彼行施修福時，為蜱肆王囑語上座呪願：「此施若有福報者，莫令蜱肆王今世後世受。」

蜱肆王聞優多羅行施修福時，常為囑上座呪願：「此施若有福報者，莫令蜱肆王今世後世受。」聞已即呼問曰：「優多羅！汝實行施修福時，為我囑上座呪願：『此施若有福報者，莫令蜱肆王今世後世受。』為如是耶？」

優多羅白曰：「實爾，天王！所以者何？天王雖行施修福，然極惡麤弊，豆羹菜茹，唯一片薑。天王！此食尚不可以手觸，況復自食耶？天王施以麤弊布衣。天王！此衣尚不可以脚躡，況復自著耶？我敬天王，不重所施。是故，天王！我不願此弊布施報令王受也。」

蜱肆王聞已，告曰：「優多羅！汝從今始，如我所食，當以飯食；如我著衣，當以布施。」

於是優多羅從是已後，如王所食，便以飯食；如王所衣，便以布施。爾時優多羅因為蜱肆王監行布施故，身壞命終生四王天中。彼蜱肆王以不至心行布施故，身壞命終生棋樹林空宮殿中。

尊者橋燴鉢帝數往遊行彼棋樹林空宮殿中，尊者橋燴鉢帝遙見蜱肆王，即便問曰：「汝是誰耶？」

蜱肆王答曰：「尊者橋燴鉢帝！頗聞閻浮洲中有斯想提王，名蜱肆耶？」

尊者橋燴鉢帝答曰：「我聞閻浮洲中斯想提有王，名蜱肆。」

蜱肆王白曰：「尊者橋臉鉢帝！我即是也，本名蜱肆王。」

尊者橋燴鉢帝復問曰：「蜱肆王如是見，如是說：『無有後世，無衆生生。』彼何由生此？依四王天小椑樹林空宮殿中。」

蜱肆王白曰：「尊者橋燴鉢帝！我本實有是見，然為尊者沙門鳩摩羅迦葉之所降伏、所治斷捨。若尊者橋燴鉢帝還下閻浮洲者，願遍告語閻浮洲人：『若行施修福時，當至心與，自手與，自往與，至信與，知有業有業報與。所以者何？莫令以是受布施報如斯毾提蜱肆王也！蜱肆王者，是布施主，以不至心行施與故，生依四王天小椑樹林空宮殿中。』」

爾時尊者橋燴鉢帝默然而受，於是尊者橋燴鉢帝有時來下至閻浮洲，則遍告諸閻浮洲人：「至心施與，自手與，自往與，至信與，知有業有業報與。所以者何？莫令以是受布施報如斯毾提蜱肆王也！蜱肆王者，是布施主，以不至心行施與故，生依四王天小椬樹林空宮殿中。」

尊者鳩摩羅迦葉所說如是，蜱肆王、斯惒提梵志、居士及諸比丘聞尊者鳩摩羅迦葉所說，歡喜奉行。

蜱肆王經第七竟萬三百六十七字

中阿含經卷第十六萬三百六十七字

中阿含王相品第一竟三萬五千六百二十一字　**第二小土城誦**

中阿含經卷第十七

東晉罽賓三藏瞿曇僧伽提婆譯

中阿含長壽王品第七有十五經 第二小土城誦

長壽、天、八念，淨不移動道，
郁伽支羅說，娑雞三族姓。
梵天迎請佛，勝天、伽絺那，
念身、支離彌，上尊長老眠，

無刺及真人，說處最在後。

（七二）中阿含長壽王品長壽王本起經第一

我聞如是：一時，佛遊拘舍彌，在瞿師羅園。

爾時拘舍彌諸比丘數共鬪諍，於是世尊告拘舍彌諸比丘曰：「比丘！汝等莫共鬪諍。所以者何？

若以諍止諍，　至竟不見止，　唯忍能止諍，　是法可尊貴。

「所以者何？昔過去時，有拘娑羅國王，名曰長壽。復有加赦國王，名梵摩達哆。彼二國常共戰諍，於是加赦國王梵摩達哆興四種軍：象軍、馬軍、車軍、步軍；興四種軍已，加赦國王梵摩達哆自引軍往，欲與拘娑羅國王長壽共戰。拘娑羅國王長壽聞加赦國王梵摩達哆興四種軍：象軍、馬軍、車軍、步軍；興四種軍已，來與我戰。拘娑羅國王長壽聞已，亦興四種軍：象軍、馬軍、車軍、步軍；興四種軍已，拘娑羅國王長壽自引軍出，往至界上，列陣共戰，即摧破之。於是拘娑羅國王長壽，盡奪取彼梵摩達哆四種軍：象軍、馬軍、車軍、步軍，乃復生擒加赦國王梵摩達哆身。得已即放，而語彼曰：『汝窮厄人，今原赦汝，後莫復作！』

「加赦國王梵摩達哆復再三興四種軍：象軍、馬軍、車軍、步軍；興四種軍已，復自引軍往與拘娑羅國王長壽共戰。拘娑羅國王長壽聞加赦國王梵摩達哆復興四種軍：象軍、馬軍、車軍、步軍；興四種軍已，來與我戰。拘娑羅國王長壽聞已，便作是念：『我已剋彼，何須復剋？我已伏彼，何足更伏？我已害彼，何須復害？但以空弓，足能伏彼。』拘娑羅國王長壽作是念已，晏然不復興四種軍：象軍、馬軍、車軍、步軍，亦不自往。於是加赦國王梵摩達哆得來破之，盡奪取拘娑羅國王長壽四種軍眾：象軍、馬軍、車軍、步軍。

「於是拘娑羅國王長壽聞加赦國王梵摩達哆來，盡奪取我四種軍眾：象軍、馬軍、車軍、步軍已，復作是念：『鬪為甚奇！鬪為甚惡！所以者何？剋當復剋，伏當復伏，害當復害，我今寧可獨將一妻，共乘一車走至波羅㮈。』於是拘娑羅國王長壽即獨將妻，共乘一車走至波羅㮈。拘娑羅國王長壽復作是念：『我今寧可至村村邑邑，受學博聞。』拘娑羅國王長壽作是念已，即便往至村村邑邑，受學博聞。以博聞故，即轉名為長壽博士。

「長壽博士復作是念：『所為學者，我今已得，我寧可往波羅㮈都邑中，住街街巷巷，以歡悅顏色作妙音伎，如是波羅㮈諸貴豪族聞已，當極歡喜而自娛樂。』長壽博士作是念已，便往至波羅㮈都邑中，住街街巷巷，以歡悅顏色作妙音伎，如是波羅㮈諸貴豪族聞已，極大歡喜而自娛樂。於是加赦國王梵摩達哆外眷屬聞，中眷屬、內眷屬及梵志國師展轉悉聞。梵志國師聞已，便呼見之。於是長壽博士往詣梵志國師所，向彼而立，以歡悅顏色作妙音伎。梵志國師聞已，極大歡喜而自娛樂。於是梵志國師告長壽博士：『汝從今日可依我住，當相供給。』長壽博士白曰：『尊者！我有一妻當如之何？』梵志國師報曰：『博士！汝可將來依我家住，當供給之。』於是長壽博士即將其妻，依梵志國師家住，梵志國師即便供給彼。

「於後時長壽博士妻心懷憂慼，作如是念：『欲令四種軍陣列鹵簿，拔白露刄，徐庠而過；我欲遍觀，亦復欲得磨刀水飲。』長壽博士妻作是念已，便白長壽博士：『我心懷憂慼，作如是念：欲令四種軍陣列鹵簿，拔白露刄，徐庠而過；我欲遍觀，亦復欲得磨刀水飲。』長壽博士即告妻曰：『卿莫作是念！所以者何？我等今為梵摩達哆王所破壞，卿當何由得見四種軍陣列鹵簿，拔白露刄，徐庠而過；我欲遍觀，亦復欲得磨刀水飲耶？』妻復白曰：『尊若能得者，我有活望，若不得者，必死無疑。』

「長壽博士即便往詣梵志國師所，向彼而立，顏色愁慘，以惡微聲作諸音伎；梵志國師聞已，不得歡喜。於是梵志國師問曰：『博士！汝本向我立，以歡悅顏色作妙音伎，我聞已極大歡喜而自娛樂。汝今何以向我立，顏色愁慘，以惡微聲作諸音伎？我聞已不得歡喜。長壽博士！汝身無疾患，意無憂慼耶？』長壽博士白曰：『尊者！我身無患，但意有憂慼耳！尊者！我妻心懷憂慼，作如是念：「我欲得四種軍陣列鹵簿，拔白露刄，徐庠而過；我欲遍觀，亦復欲得磨刀水飲。」我即報妻曰：「卿莫作是念！所以者何？我今如此，卿當何由得四種軍陣列鹵簿，拔白露刄，徐庠而過；我欲遍觀，亦復欲得磨刀水飲耶？」妻復白我曰：「尊若能得者，我有活望；若不得者，必死無疑。」尊者！若妻不全，我亦無理。』

「梵志國師問曰：『博士！汝妻可得見不？』白曰：『尊者！可得見耳！』於是梵志國師將長壽博士往至妻所。是時長壽博士妻懷有德子，梵志國師見長壽博士妻懷有德子故，便以右膝跪地，叉手向長壽博士妻，再三稱說：『生拘娑羅國王！生拘沙羅國王！』教勅左右曰：『莫令人知。』梵志國師告曰：『博士！汝勿憂慼！我能令汝妻得見四種軍陣列鹵簿，拔白露刄，徐庠而過，亦能令得磨刀水飲。』

「於是梵志國師往詣加赦國王梵摩達哆所，到已白曰：『天王！當知有德星現，唯願天王嚴四種軍，陣列鹵簿，拔白露刄，徐庠導引，出曜軍威，以水磨刀。唯願天王自出觀視！天王！若作是者，必有吉應。』加赦國王梵摩達哆即勅主兵臣：『卿今當知有德星現，卿宜速嚴四種之軍，陣列鹵簿，拔白露刄，徐庠導引，出曜軍威，以水磨刀，我自出觀。若作是者，必有吉應。』時主兵臣即受王教，嚴四種軍，陣列鹵簿，拔白露刄，徐庠導引，出曜軍威，以水磨刀，梵摩達哆即自出觀。

「因是長壽博士妻得見四種軍陣列鹵簿，拔白露刄，徐庠導引，出曜軍威，并亦復得磨刀水飲。飲磨刀水已，憂慼即除，尋生德子，便為作字，名長生童子，寄人密養，漸已長大。長生童子若諸剎利頂生王者，整御天下得大國土，種種伎藝：乘象、騎馬、調御、馳驟、射戲、手搏、擲羂、擲鉤、乘車、坐輦，如是種種諸妙伎藝，皆善知之。若干種妙觸事殊勝，猛毅超世聰明挺出，幽微隱遠無不博達。

「於是梵摩達哆聞拘娑羅國王長壽彼作博士，轉名在此波羅㮈城中。梵摩達哆即勅左右：『卿等速往收拘娑羅國王長壽，反縛兩手，令彼騎驢，打破敗鼓，聲如驢鳴，遍宣令已，從城南門出，坐高標下，詰問其辭。』左右受教，即便往收拘娑羅國王長壽，反縛兩手，令彼騎驢，打破敗鼓，聲如驢鳴，遍宣令已，從城南門出，坐高標下，詰問其辭。是時長生童子尋隨父後，或在左右，而白父曰：『天王勿怖！天王勿怖！我即於此，必能拔濟，必能拔濟！』拘娑羅王長壽告曰：『童子可忍！童子可忍！莫起怨詰，但當行慈。』眾人聞長壽王而作此語，便問於王：『所道何等？』王答眾人曰：『此童子聰明，必解我語。』

「爾時長生童子勸波羅㮈城中諸貴豪族：『諸君！行施修福，為拘娑羅國王長壽呪願：以此施福，願拘娑羅國王長壽令安隱、得解脫。』於是波羅㮈城中諸貴豪族，為長生童子所勸行施修福，為拘娑羅國王長壽呪願：以此施福，願拘娑羅國王長壽令安隱、得*解脫！加赦國王梵摩達哆聞此波羅㮈諸貴豪族行施修福，為拘娑羅國王長壽呪願：以此施福，願拘娑羅國王長壽令安隱、得解脫！聞即大怖，身毛皆竪：『莫令此波羅㮈城中諸貴豪族反於我耶？且置彼事，我今急當先滅此事。』於是加赦國王梵摩達哆教勅左右：『汝等速去！殺拘娑羅國王長壽，斬作七段。』左右受教，即便速往，殺長壽王斬作七段。

「於是長生童子勸波羅㮈城中諸貴豪族而作是語：『諸君！看此加赦國王梵摩達哆酷暴無道，彼取我父拘娑羅國王長壽無過之人，奪取其國倉庫財物，怨酷枉殺斬作七段。諸君可往，以新繒疊收斂我父，取七段屍，以一切香、香木積聚而闍維之，立於廟堂；為我作書與梵摩達哆言：「拘娑羅國王長生童子，彼作是語：汝不畏後為子孫作患耶？」』於是波羅㮈諸貴豪族為長生童子所勸，以新繒疊即往斂取彼七段屍，以一切香、香木積聚而闍維之，為立廟堂；亦為作書與梵摩達哆言：『拘羅國王長生童子，彼作是語：「汝不畏後為子孫作患耶？」』

「於是長壽王妻告長生童子曰：『汝當知此加赦國王梵摩達哆酷暴無道，彼取汝父拘娑羅國王長壽無過之人，奪取其國倉庫財物，怨酷枉殺，斬作七段。童子！汝來共乘一車走出波羅㮈。若不去者，禍將及汝。』於是長壽王妻與長生童子共乘一車走出波羅㮈。爾時長生童子作如是念：『我寧可往至村村邑邑，受學博聞。』長生童子作是念已，便往至村村邑邑，受學博聞。以博聞故，即轉名為長生博士。

「長生博士復作是念：『所為學者，我今已得，我寧可往波羅㮈都邑中，住街街巷巷，以歡悅顏色作妙音伎，如是波羅㮈諸貴豪族聞已，當大歡喜而自娛樂。』長生博士士作是念已，便往至波羅㮈都邑中，住街街巷巷，歡悅顏色作妙音伎，如是波羅㮈諸貴豪族聞已，極大歡喜而自娛樂。於是加赦國王梵摩達哆外眷屬聞，中眷屬、內眷屬、梵志國師，展轉乃至加赦國王梵摩達哆聞，便呼見。

「於是長生博士即往詣加赦國王梵摩達哆所，向彼而立，以歡悅顏色作妙音伎。如是加赦國王梵摩達哆聞已，極大歡喜而自娛樂。於是加赦國王梵摩達哆告曰：『博士！汝從今日可依我住，當相供給。』於是長生博士即依彼住，加赦國王梵摩達哆即供給之。後遂信任一以委付，即持衞身刀劍授與長生博士。

「爾時加赦國王梵摩達哆便勅御者：『汝可嚴駕，我欲出獵。』御者受教，即便嚴駕訖，還白曰：『嚴駕已辦，隨天王意！』於是加赦國王梵摩達哆便與長生博士共乘車出。長生博士即作是念：『此加赦國王梵摩達哆酷暴無道，彼取我父拘娑羅國王長壽無過之人，奪取其國倉庫財物，怨酷枉殺斬作七段；我今寧可御車，使離四種軍眾各在異處。』長生博士作是念已，即便御車離四種軍，各在異處。

「彼時加赦國王梵摩達哆冒涉塗路，風熱所逼煩悶渴乏，疲極欲臥；即便下車，枕長生[1]博士膝眠。於是長生博士復作是念：『此加赦國王梵摩達哆酷暴無道，彼取我父無過之人，奪取其國倉庫財物，怨酷枉殺斬作七段；然于今日已在我手，但當報怨！』長生博士作是念已，即拔利刀，著加赦國王梵摩達哆頸上，而作是語：『我今殺汝！我今殺汝！』長生博士復作是念：『我為不是！所以者何？憶父昔日在標下時，臨終語我：「童子可忍！童子可忍！莫起怨結，但當行慈。」』憶已舉刀，還內鞘中。

「彼時加赦國王梵摩達哆夢見拘娑羅國王長壽兒長生童子，手拔利刀著我頸上，而作此言：『我今殺汝！我今殺汝！』見已，恐怖身毛皆豎，便疾驚寤，起語長生博士：『汝今當知，我於夢中見拘娑羅國王長壽兒長生童子，手拔利刀著我頸上，而作是言：「我今殺汝！我今殺汝！」』長生博士聞已，白曰：『天王勿怖！天王勿怖！所以者何？彼拘娑羅國王長壽兒長生童子者，即我身是。天王！我作是念：「加赦國王梵摩達哆酷暴無道，彼取我父無過之人，奪取其國倉庫財物，怨酷枉殺，斬作七段；而于今日已在我手，但當報怨！」天王！我拔利刃著王頸上，而作是語：「我今殺汝！我今殺汝！」天王！

我復作是念：「我為不是！所以者何？憶父昔日在標下時，臨終語我：『童子可忍！童子可忍！莫起怨結，但當行慈。』」憶已舉刀，還內鞘中。』

「加赦國王梵摩達哆語曰：『童子！汝作是說：「童子可忍！童子可忍！」我已*知此義。童子又言：莫起怨結，但當行慈者，此謂何義？』長生童子答曰：『天王！莫起怨結，但當行慈者，即謂此也。』加赦國王梵摩達哆聞已，語曰：『童子！從今日始，我所領國盡以相與，汝父本國還持付卿。所以者何？汝所作甚難，乃惠我命。』長生童子聞已，白曰：『天王本國自屬天王，我父本國可以見還。』

「於是加赦國王梵摩達哆與長生童子共載還歸，入波羅㮈城，坐正殿上，告諸臣曰：『卿等若見拘娑羅國王長壽兒長生童子者，當云何耶？』諸臣聞已，或有白曰：『天王！若見彼者，當截其手』或復作是語：『天王！若見彼者，當截其足！』或復作是語：『當斷其命！』加赦國王梵摩達哆告諸臣曰：『卿等欲見拘娑羅國王長壽兒長生童子者，即此是也。汝等莫起惡意向此童子。所以者何？此童子所作甚難，惠與我命。』於是加赦國王梵摩達哆以王沐浴浴長生童子，塗以王香，衣以王服，令坐金御床，以女妻之，還其本國。

「比丘！彼諸國王、剎利頂生王，為大國主整御天下，自行忍辱，復稱歎忍；自行慈心，復稱歎慈；自行恩惠，復稱恩惠。諸比丘！汝亦應如是，至信捨家無家學道，當行忍辱，復稱歎忍；自行慈心，復稱歎慈，自行恩惠，復稱恩惠。」

於是諸比丘聞佛所說，有作是言：「世尊法主今且住也，彼導說我，我那得不導說彼！」

於是世尊不悅可拘舍彌諸比丘所行威儀禮節，所學所習，即從坐起，而說頌曰：

以若干言語，　破壞最尊衆，　破壞聖衆時，　無有能訶止。
碎身至斷命，　奪象牛馬財，　破國滅亡盡，　彼猶故和解。
況汝小言罵，　不能制和合，　若不思真義，　怨結焉得息？
罵詈責數說，　而能制和合，　若思真實義，　怨結必得息。
若以諍止諍，　至竟不見止，　唯忍能止諍，　是法可尊貴。

瞋向慧真人，　口說無賴言，　誹謗牟尼聖，　是下賤非智。
他人不解義，　唯我獨能知，　若有能解義，　彼恚便得息。
若得定為侶，　慧者共修善，　捨本所執意，　歡喜常相隨。
若不得定伴，　慧者獨修善，　如王嚴治國，　如象獨在野。
獨行莫為惡，　如象獨在野，　獨行為善勝，　勿與惡共會。
學不得善友，　不與己等者，　當堅意獨住，　勿與惡共會。

爾時世尊說此頌已，即以如意足乘虛而去，至婆羅樓羅村。於是婆羅樓羅村有尊者婆咎釋家子，晝夜不眠精勤行道，志行常定住道品法。尊者釋家子遙見佛來，見已往迎，攝佛衣鉢，為佛敷床，汲水洗足。

佛洗足已，坐尊者釋家子婆咎座，坐已告曰：「婆咎比丘！汝常安隱無所乏耶？」

尊者釋家子婆咎白曰：「世尊！我常安隱無有所乏。」

世尊復問：「婆咎比丘！云何安隱無所乏耶？」

尊者婆咎白曰：「世尊！我晝夜不眠精勤行道，志行常定住道品法。世尊！如是我常安隱無有所乏。」

世尊復念：「此族姓子遊行安樂，我今寧可為彼說法。」

作是念已，便為尊者婆咎說法，勸發渴仰，成就歡喜。無量方便為彼說法，勸發渴仰，成就歡喜已，從坐起去，往至護寺林。入護寺林中至一樹下，敷尼師檀，結跏趺坐。

世尊復念：「我已得脫彼拘舍彌諸比丘輩，數數鬪訟，相伏相憎，相瞋共諍，我不喜念彼方，謂拘舍彌諸比丘輩所住處也。」

當爾之時，有一大象為衆象王，彼離象衆而獨遊行，亦至護寺林。入護寺林中至賢娑羅樹，倚賢娑羅樹立。

爾時大象而作是念：「我已得脫彼群象輩，牝象、牡象、大小象子，彼群象輩常在前行，草為之蹋，水為之渾。我於爾時，食彼蹋草，飲渾濁水，我今飲食新草、清水。」

於是世尊以他心智，知彼大象心之所念，即說頌曰：

一象與象等，　成身具足牙，　以心與心等，　若樂獨住林。

於是世尊從護寺林攝衣持鉢，往至般那蔓闍寺林。爾時般那蔓闍寺林有三族姓子共在中住，尊者阿那律陀、尊者難提、尊者金毘羅。彼尊者等所行如是：若彼乞食有前還者，便敷床，汲水出，洗足器，安洗足蹬，及拭腳巾、水瓶、澡罐。若所乞食能盡食者，便盡食之；若有餘者，器盛覆舉。食訖收鉢，澡洗手足，以尼師檀著於肩上，入室宴坐。若彼乞食有後還者，能盡食者，亦盡食之。若不足者，取前餘食足而食之。若有餘者，便瀉著淨地，及無蟲水中。取彼食器，淨洗拭已，舉著一面，收卷床席，斂洗足蹬，收拭腳巾，舉洗足器，及水瓶澡罐，掃灑食堂，糞除淨已，收舉衣鉢，澡洗手足，以尼師檀著於肩上，入室宴坐。彼尊者等至於晡時，若有先從宴坐起者，見水瓶澡罐空無有水，便持行取。若能勝者，便舉持來安著一面。若不能勝，則便以手招一比丘，兩人共舉，持著一面，各不相語，各不相問。彼尊者等五日一集，或共說法，或聖默然。

於是守林人遙見世尊來，逆訶止曰：「沙門！沙門！莫入此林，所以者何？今此林中有三族姓子，尊者阿那律陀、尊者難提、尊者金毘羅，彼若見汝或有不可。」

世尊告曰：「汝守林人！彼若見我必可無不可。」

於是尊者阿那律陀遙見世尊來，即訶彼曰：「汝守林人，莫訶世尊！汝守林人，莫止善逝！所以者何？是我尊來，我善逝來。」

尊者阿那律陀出迎世尊，攝佛衣鉢，尊者難提為佛敷床，尊者金毘羅為佛取水。

爾時世尊洗手足已，坐彼尊者所敷之座，坐已問曰：「阿那律陀！汝常安隱無所乏耶？」

尊者阿那律陀白曰：「世尊！我常安隱無有所乏。」

世尊復問阿那律陀：「云何安隱無所乏耶？」

尊者阿那律陀白曰：「世尊！我作是念：『我有善利，有大功德，謂我與如是梵行共行。』世尊！我常向彼梵行，行慈身業，見與不見等無有異；行慈口業、行慈意業，見與不見等無有異。世尊！我作是念：『我今寧可自捨己心，隨彼諸賢心。』世尊！我便自捨己心，隨彼諸賢心。世尊！我未曾有一不可心。世尊！如是我常安隱無有所乏。」

問尊者難提，答亦如是。復問尊者金毘羅曰：「汝常安隱無所乏耶？」

尊者金毘羅白曰：「世尊！我常安隱無有所乏。」

問曰：「金毘羅！云何安隱無所乏耶？」

尊者金毘羅白曰：「世尊！我作是念：『我有善利，有大功德，謂我與如是梵行共行。』世尊！我常向彼梵行，行慈身業，見與不見等無有異，行慈口業、行慈意業，見與不見等無有異。世尊？我作是念：『我今寧可自捨己心，隨彼諸賢心。』世尊！我便自捨己心，隨彼諸賢心。世尊！我未曾有一不可心。世尊！如是我常安隱無有所乏。」

世尊歎曰：「善哉！善哉！阿那律陀！如是汝等常共和合，安樂無諍，一心一師，合一水乳，頗得人上之法而有差降安樂住止耶？」

尊者阿那律陀白曰：「世尊！如是我等常共和合，安樂無諍，一心一師，合一水乳，得人上之法而有差降安樂住止。世尊！我等得光明便見色，彼見色光明尋復滅。」

世尊告曰：「阿那律陀！汝等不達此相，謂相得光明而見色者，彼見色光明尋復滅。阿那律陀！我本未得覺無上正真道時，亦得光明而見色，彼見色光明尋復滅。阿那律陀！我作是念：『我心中有何患？令我失定而滅眼，眼滅已，我本所得光明而見色，彼見色光明尋復滅？』阿那律陀！我行精勤無懈怠，身止住，有正念正智無有愚癡，得定一心。阿那律陀！我作是念：『我行精勤無懈怠，身止住，有正念正智無有愚癡，得定一心，若世中無道我可見可知彼耶？我心中生此疑患，因此疑患故，便失定而滅眼，眼滅已，我本所得光明而見色，彼見色光明尋復滅。』阿那律陀！我今要當作是念：『我心中不生疑患。』阿那律陀！我欲不起此患故，便在遠離獨住，心無放逸修行精懃。因在遠離獨住，心無放逸修行精勤故，便得光明而見色，彼見色光明尋復滅。

「阿那律陀！我復作是念：『我心中有何患？令我失定而滅眼，眼滅已，我本所得光明而見色，彼見色光明尋復滅？』阿那律陀！我復作是念：『我心中生無念患，因此無念患故，便失定而滅眼，眼滅已，我本所得光明而見色，彼見色光明尋復滅。』阿那律陀！我今要當作是念：『我心中不生疑患，亦不生無念患。』阿那律陀！我欲不起此患故，便在遠離獨住，心無放逸修行精勤。因在遠離獨住，心無放逸修行精勤故，便得光明而見色，彼見色光明尋復滅。

「阿那律陀！我復作是念：『我心中有何患？令我失定而滅眼，眼滅已，我本所得光明而見色，彼見色光明尋復滅？』阿那律陀！我復作是念：『我心中生身病想患，因此身病想患故，便失定而滅眼，眼滅已，我本所得光明而見色，彼見色光明尋復滅。』阿那律陀！我今要當作是念：『我心中不生疑患，不生無念患，亦不生身病想患。』阿那律陀！我欲不起此患故，便在遠離獨住，心無放逸修行精勤。因在遠離獨住，心無放逸修行精勤故，便得光明而見色，彼見色光明尋復滅。

「阿那律陀！我復作是念：『我心中有何患？令我失定而滅眼，眼滅已，我本所得光明而見色，彼見色光明尋復滅？』阿那律陀！我復作是念：『我心中生睡眠患，因此睡眠患故，便失定而滅眼，眼滅已，我本所得光明而見色，彼見色光明尋復滅。』阿那律陀！我今要當作是念：『我心中不生疑患，不生無念患，不生身病想患，亦不生睡眠患。』阿那律陀！我欲不起此患故，便在遠離獨住，心無放逸修行精勤。因在遠離獨住，心無放逸修行精勤故，便得光明而見色，彼見色光明尋復滅。

「阿那律陀！我復作是念：『我心中有何患？令我失定而滅眼，

眼滅已，我本所得光明而見色，彼見色光明尋復滅？』阿那律陀！我復作是念：『我心中生過精勤患，因此過精勤患故，便失定而滅眼，眼滅已，我本所得光明而見色，彼見色光明尋復滅。』阿那律陀！猶如力士捉蠅太急，蠅即便死。如是，阿那律陀！我心中生過精勤患，因此過精勤患故，便失定而滅眼，眼滅已，我本所得光明而見色，彼見色光明尋復滅。阿那律陀！我今要當作是念：『我心中不生疑患，不生無念患，不生身病想患，不生睡眠患，亦不生過精勤患。』阿那律陀！我欲不起此患故，便在遠離獨住，心無放逸修行精勤。因在遠離獨住，心無放逸修行精勤故，便得光明而見色，彼見色光明尋復滅。

「阿那律陀！我復作是念：『我心中有何患？令我失定而滅眼，

眼滅已，我本所得光明而見色，彼見色光明尋復滅？』阿那律陀！我復作是念：『我心中生太懈怠患，因此太懈怠患故，便失定而滅眼，眼滅已，我本所得光明而見色，彼見色光明尋復滅。』阿那律陀！猶如力士捉蠅太緩，蠅便飛去。阿那律陀！我心中生太懈怠患，因此太懈怠患故，便失定而滅眼，眼滅已，我本所得光明而見色，彼見色光明尋復滅。阿那律陀！我今要當作是念：『我心中不生疑患，不生無念患，不生身病想患，不生睡眠患，不生太精勤患，亦不生太懈怠患。』阿那律陀！我欲不起此患故，便在遠離獨住，心無放逸修行精勤。因在遠離獨住，心無放逸修行精勤故，便得光明而見色，彼見色光明尋復滅。

「阿那律陀！我復作是念：『我心中有何患？令我失定而滅眼，眼滅已，我本所得光明而見色，彼見色光明尋復滅？』阿那律陀！我復作是念：『我心中生恐怖患，因此恐怖患故，便失定而滅眼，眼滅已，我本所得光明而見色，彼見色光明尋復滅。』阿那律陀！猶如人行道，四方有怨賊來，彼人見已，畏懼恐怖舉身毛竪。如是，阿那律陀！我心中生恐怖患，因此恐怖患故，便失定而滅眼，眼滅已，我本所得光明而見色，彼見色光明尋復滅。阿那律陀！我今要當作是念：『我心中不生疑患，不生無念患，不生身病想患，不生睡眠患，不生*太精勤患，不生太懈怠患，亦不生恐怖患。』阿那律陀！我欲不起此患故，便在遠離獨住，心無放逸修行精勤。因在遠離獨住，心無放逸修行精勤故，便得光明而見色，彼見色光明尋復滅。

「阿那律陀！我復作是念：『我心中有何患？令我失定而滅眼，眼滅已，我本所得光明而見色，彼見色光明尋復滅？』阿那律陀！我復作是念：『我心中生喜悅患，因此喜悅患故，便失定而滅眼，眼滅已，我本所得光明而見色，彼見色光明尋復滅。』阿那律陀！猶若如人本求一寶藏，頓得四寶藏，彼見已，便生悅歡喜。如是，阿那律陀！我心中生喜悅患，因此喜悅患故，便失定而滅眼，眼滅已，我本所得光明而見色，彼見色光明尋復滅。阿那律陀！我今要當作是念：『我心中不生疑患，不生無念患，不生身病想患，不生睡眠患，不生太精勤患，不生太懈怠患，不生恐怖患，亦不生喜悅患。』阿那律陀！

我欲不起此患故，便在遠離獨住，心無放逸修行精勤。因在遠離獨住，心無放逸修行精勤故，便得光明而見色，彼見色光明尋復滅。

「阿那律陀！我復作是念：『我心中有何患？令我失定而滅眼，眼滅已，我本所得光明而見色，彼見色光明尋復滅？』阿那律陀！我復作是念：『我心中生自高心患，因此自高心患故，便失定而滅眼，眼滅已，我本所得光明而見色，彼見色光明尋復滅。』阿那律陀！我今要當作是念：『我心中不生疑患，不生無念患，不生身病想患，不生睡眠患，不生太精勤患，不生太懈怠患，不生恐怖患，不生喜悅患，亦不生自高心患。』阿那律陀！我欲不起此患故，便在遠離獨住，心無放逸修行精勤。因在遠離獨住，心無放逸修行精勤故，便得光明而見色，彼見色光明尋復滅。

「阿那律陀！我復作是念：『我心中有何患？令我失定而滅眼，眼滅已，我本所得光明而見色，彼見色光明尋復滅？』阿那律陀！我復作是念：『我心中生若干想患，因此若干想患故，便失定而滅眼，眼滅已，我本所得光明而見色，彼見色光明尋復滅。』阿那律陀！我今要當作是念：『我心中不生疑患，不生無念患，不生身病想患，不生睡眠患，不生大精勤患，不生太懈怠患，不生恐怖患，不生喜悅患，不生自高心患，亦不生若干想患。』阿那律陀！我欲不起此患故，便在遠離獨住，心無放逸修行精勤。因在遠離獨住，心無放逸修行精勤故，便得光明而見色，彼見色光明尋復滅。

「阿那律陀！我復作是念：『我心中有何患？令我失定而滅眼，眼滅已，我本所得光明而見色，彼見色光明尋復滅？』阿那律陀！我復作是念：『我心中生不觀色患，因此不觀色患故，便失定而滅眼，眼滅已，我本所得光明而見色，彼見色光明尋復滅。』阿那律陀！我今要當作是念：『我心中不生疑患，不生無念患，不生身病想患，不生睡眠患，不生太精勤患，不生太懈怠患，不生恐怖患，不生喜悅患，亦不生自高心患，不生若干想患，亦不生不觀色患。』阿那律陀！我欲不起此患故，便在遠離獨住，心無放逸修行精勤。因在遠離獨住，心無放逸修行精勤故，便得光明而見色。阿那律陀！若我心生疑患，彼得心清淨；無念、身病想、睡眠、太精勤、太懈怠、恐怖、喜悅、高心、生若干想、不觀色心患，彼得心清淨。

「阿那律陀！我復作是念：『我當修學三定：修學有覺有觀定，修學無覺少觀定，修學無覺無觀定。』阿那律陀！我便修學三定：修學有覺有觀定，修學無覺少觀定，修學無覺無觀定。若我修學有覺有觀定者，心便順向無覺少觀定，如是我必不失此智見。阿那律陀！如是我知如是已，竟日、竟夜、竟日夜修學有覺有觀定。阿那律陀！我爾時行此住止行。若我修學有覺有觀定者，心便順向無覺無觀定，如是我必不失此智見。阿那律陀！如是我知如是已，竟日、竟夜、竟日夜修學有覺有觀定。阿那律陀！我爾時行此住止行。

「阿那律陀！若我修學無覺少觀定者，心便順向有覺有觀定，如是我必不失此智見。阿那律陀！如是我知如是已，竟日、竟夜、竟日夜修學無覺少觀定。阿那律陀！我爾時行此住止行。若我修學無覺少觀定者，心便順向無覺無觀定，如是我必不失此智見。阿那律陀！如是我知如是已，竟日、竟夜、竟日夜修學無覺少觀定。阿那律陀！我爾時行此住止行。

「阿那律陀！若我修學無覺無觀定者，心便順向有覺有觀定，如是我必不失此智見。阿那律陀！如是我知如是已，竟日、竟夜、竟日夜修學無覺無觀定。阿那律陀！我爾時行此住止行。若我修學無覺無觀定者，心便順向無覺少觀定，如是我不失此智見。阿那律陀！如是我知如是已，竟日、竟夜、竟日夜修學無覺無觀定。阿那律陀！我爾時行此住止行。

「阿那律陀！有時我知光明而不見色。阿那律陀！我作是念：『何因何緣？知光明而不見色？』阿那律陀！我復作是念：『若我念光明相，不念色相者，爾時我知光明而不見色。』阿那律陀！如是我知如是已，竟日、竟夜、竟日夜知光明而不見色。阿那律陀！我爾時行此住止行。

「阿那律陀！有時我見色而不知光明。阿那律陀！我作是念：『何因何緣？我見色而不知光明？』阿那律陀！我復作是念：『若我念色相，不念光明相者，爾時我知色而不知光明。』阿那律陀！如是我知如是已，竟日、竟夜、竟日夜知色而不知光明。阿那律陀！我爾時行此住止行。

「阿那律陀！有時我少知光明，亦少見色。阿那律陀！我作是念：『何因何緣？我少知光明亦少見色？』阿那律陀！我復作是念：『若我少入定，少入定故，少眼清淨；少眼清淨故，我少知光明，亦少見色。』阿那律陀！如是我知如是已，竟日、竟夜、竟日夜少知光明亦少見色。阿那律陀！爾時我行此住止行。

「阿那律陀！有時我廣知光明，亦廣見色。阿那律陀！我作是念：『何因何緣？我廣知光明亦廣見色？』阿那律陀！我復作是念：『若我廣入定，廣入定故，廣眼清淨；廣眼清淨故，我廣知光明，亦廣見色。』阿那律陀！如是我知如是已，竟日、竟夜、竟日夜廣知光明，亦廣見色。阿那律陀！爾時我行此住止行。

「阿那律陀！若我心中生疑患，彼得心清淨；無念、身病想、睡眠、太精勤、太懈怠、恐怖、喜悅、高心、生若干想、不觀色心患，彼得心清淨。有覺有觀定修學極修學，無覺少觀定修學極修學，無覺無觀定修學極修學，一向定修學極修學，雜定修學極修學，少定修學極修學，廣無量定修學極修學。我生知見極明淨，趣向定住，精勤修道品：生已盡，梵行已立，所作已辦，不便受有，知如真。阿那律陀！爾時我行此住止行。」

佛說如是，尊者阿那律陀、尊者難提、尊者金毘羅聞佛所說，歡喜奉行。

長壽王本起經第一竟 九千二百一十八字

中阿含經卷第十七 九千二百一十八字　第二小土城誦

中阿含經卷第十八

東晉罽賓三藏瞿曇僧伽提婆譯

（七三）中阿含長壽王品天經第二（第二小土城誦）

我聞如是：一時，佛遊枝提瘦，在水渚林中。

爾時世尊告諸比丘：「我本未得覺無上正真道時，而作是念：『我寧可得生其光明，因其光明而見形色，如是我智見極大明淨。』我為智見極明淨故，便在遠離獨住，心無放逸修行精勤。我因在遠離獨住，心無放逸修行精勤故，即得光明，便見形色也；然我未與彼天共同集會，未相慰勞，未有所論說，未有所答對。我復作是念：『我寧可得生其光明，因其光明而見形色，及與彼天共同集會，共相慰勞，有所論說，有所答對，如是我智見極大明淨。』我為智見極明淨故，便在遠離獨住，心無放逸修行精勤。我因在遠離獨住，心無放逸修行精勤故，即得光明，便見形色，及與彼天共同集會，共相慰勞，有所論說，有所答對也；然我不知彼天如是姓、如是字、如是生。

「我復作是念：『我寧可得生其光明，因其光明而見形色，及與彼天共同集會，共相慰勞，有所論說，有所答對，亦知彼天如是姓、如是字、如是生，如是我智見極大明淨。』我為智見極明淨故，便在遠離獨住，心無放逸修行精勤。我因在遠離獨住，心無放逸修行精勤故，即得光明，便*見形色，及與彼天共同集會，共相慰勞，有所論說，有所答對，亦知彼天如是姓、如是字、如是生也；然我不知彼天如是食、如是受苦樂。

「我復作是念：『我寧可得生其光明，因其光明而見形色，及與彼天共同集會，共相慰勞，有所論說，有所答對，亦知彼天如是姓、如是字、如是生，亦知彼天如是食、如是受苦樂，如是我智見極大明淨。』我為智見極明淨故，便在遠離獨住，心無放逸修行精勤。我因在遠離獨住，心無放逸修行精勤故，即得光明，便見形色，及與彼天共同集會，共相慰勞，有所論說，有所答對，亦知彼天如是姓、如是字、如是生，亦知彼天如是食、如是受苦樂也；然我不知彼天如是長壽、如是久住、如是命盡。

「我復作是念：『我寧可得生其光明，因其光明而見形色，及與彼天共同集會，共相慰勞，有所論說，有所答對，亦知彼天如是姓、如是字、如是生，亦知彼天如是食、如是受苦樂，亦知彼天如是長壽、如是久住、如是命盡，如是我智見極大明淨。』我為智見極明淨故，便在遠離獨住，心無放逸修行精勤。我因在遠離獨住，心無放逸修行精勤故，即得光明，便見形色，及與彼天共同集會，共相慰勞，有所論說，有所答對，亦知彼天如是姓、如是字、如是生，亦知彼天如是食、如是受苦樂，亦知彼天如是長壽、如是久住、如是命盡也；然我不知彼天作如是如是業已死此生彼。

「我復作是念：『我寧可得生其光明，因其光明而見形色，及與彼天共同集會，共相慰勞，有所論說，有所答對，亦知彼天如是姓、如是字、如是生，亦知彼天如是食、如是受苦樂，亦知彼天如是長壽、如是久住、如是命盡，亦知彼天作如是如是業已死此生彼，如是我智見極大明淨。』我為智見極明淨故，便在遠離獨住，心無放逸修行精勤。我因在遠離獨住，心無放逸修行精勤故，即得光明，便見形色，及與彼天共同集會，共相慰勞，有所論說，有所答對，亦知彼天如是姓、如是字、如是生，亦知彼天如是食、如是受苦樂，亦知彼天如是長壽、如是久住、如是命盡，亦知彼天作如是如是業已死此生彼也；然我不知彼天、彼彼天中。

「我復作是念：『我寧可得生其光明，因其光明而見形色，及與彼天共同集會，共相慰勞，有所論說，有所答對，亦知彼天如是姓、如是字、如是生，亦知彼天如是食、如是受苦樂，亦知彼天如是長壽、如是久住、如是命盡，亦知彼天作如是如是業已死此生彼，亦知彼天、彼彼天中，如是我智見極大明淨。』我為智見極明淨故，便在遠離獨住，心無放逸修行精勤。我因在遠離獨住，心無放逸修行精勤故，即得光明，便見形色，及與彼天共同集會，共相慰勞，有所論說，有所答對，亦知彼天如是姓、如是字、如是生，亦知彼天如是食、如是受苦樂，亦知彼天如是長壽、如是久住、如是命盡，亦知彼天作如是如是業已死此生彼，亦知彼天、彼彼天中也；然我不知彼天上我曾生中、未曾生中。

「我復作是念：『我寧可得生其光明，因其光明而見形色，及與彼天共同集會，共相慰勞，有所論說，有所答對，亦知彼天如是姓、如是字、如是生，亦知彼天如是食、如是受苦樂，亦知彼天如是長壽、如是久住、如是命盡，亦知彼天作如是如是業已死此生彼，亦知彼天、彼彼天中，亦知彼天上我曾生中、未曾生中，如是我智見極大明淨。』我為智見極明淨故，便在遠離獨住，心無放逸修行精勤。我因在遠離獨住，心無放逸修行精勤故，即得光明，便見形色，及與彼天共同集會，共相慰勞，有所論說，有所答對，亦知彼天如是姓、如是字、如是生，亦知彼天如是食、如是受苦樂，亦知彼天如是長壽、如是久住、如是命盡，亦知彼天作如是如是業已死此生彼，亦知彼天、彼彼天中，亦知彼天上我曾生中、未曾生中也。

「若我不正知得此八行者，便不可一向說得，亦不知我得覺無上正真之道，我亦於此世間諸天、魔、梵、沙門、梵志，不能出過其上，我亦不得解脫種種解脫，我亦未離諸顛倒，未生已盡、梵行已立、所作已辦、不更受有、知如真。若我正知得此八行者，便可一向說得，亦知我得覺無上正真之道，我亦於此世間諸天、魔、梵、沙門、梵志，出過其上，我亦得解脫種種解脫，我心已離諸顛倒，生已盡、梵行已立、所作已辦、不更受有、知如真。」

佛說如是，彼諸比丘聞佛所說，歡喜奉行。

天經第二竟千七百七十四字

（七四）中阿含長壽王品八念經第三第二小土城誦

我聞如是：一時，佛遊婆奇瘦，在鼉山怖林鹿野園中。

爾時尊者阿那律陀在枝提瘦水渚林中。彼時尊者阿那律陀在安靜處燕坐思惟，心作是念：「道從無欲，非有欲得道從知足，非無厭得；道從遠離，非樂聚會、非住聚會、非合聚會得；道從精勤，非懈怠得；道從正念，非邪念得；道從定意，非亂意得；道從智慧，非愚癡得。」

於是世尊以他心智，知尊者阿那律陀心中所念、所思、所行。世尊知已，即入如其像定，以如其像定，猶若力士屈申臂頃，如是世尊從婆奇瘦鼉山怖林鹿野園中忽沒不現，住枝提瘦水渚林中尊者阿那律陀前。是時世尊便從定覺，歎尊者阿那律陀曰：「善哉！善哉！阿那律陀，謂汝在安靜處燕坐思惟，心作是念：『道從無欲，非有欲得；道從知足，非無厭得；道從遠離、非樂聚會、非住聚會，非合聚會得；道從精勤，非懈怠得；道從正念，非邪念得；道從定意，非亂意得；道從智慧，非愚癡得。』

「阿那律陀！汝從如來更受第八大人之念，受已便思道從不戲、樂不戲、行不戲，非戲、非樂戲、非行戲得。阿那律陀！若汝成就此大人八念者，汝必能離欲、離惡不善之法，至得第四禪成就遊。阿那律陀！若汝成就大人八念，而復得此四增上心，現法樂居易不難得者，如王、王臣有好縅篋盛滿種種衣，中前欲著，便取著之；中時、中後若欲著衣，便取著之，隨意自在。阿那律陀！汝亦如是，得糞掃衣為第一服，汝心無欲，行此住止行。阿那律陀！若汝成就大人八念，而復得此四增上心，現法樂居易不難得者，如王、王臣有好廚宰種種淨妙甘美餚饍。阿那律陀！汝亦如是，常行乞食為第一饌，汝心無欲，行此住止行。阿那律陀！若汝成就大人八念，而復得此四增上心，現法樂居易不難得者，如王、王臣有好屋舍或樓閣宮殿。阿那律陀！汝亦如是，依樹下止為第一舍，汝心無欲，行此住止行。阿那律陀！

若汝成就大人八念，而復得此四增上心，現法樂居易不難得者，如王、王臣有好床座敷以氍氀毾㲪，覆以錦綺羅縠，有襯體被，兩頭安枕，加陵伽波惒邏波遮悉哆羅那。阿那律陀！汝亦如是，草座葉座為第一座，汝心無欲，行此住止行。

「阿那律陀！若汝成就大人八念，而復得此四增上心，現法樂居，易不難得者，如是汝若遊東方，必得安樂無眾苦患；若遊南方、西方、北方者，必得安樂無眾苦患。阿那律陀！若汝成就大人八念，而復得此四增上心，現法樂居易不難得者，我尚不說汝諸善法住，況說衰退？但當晝夜增長善法而不衰退。阿那律陀！若汝成就大人八念，而復得此四增上心，現法樂居易不難得者，汝於二果必得其一，或於現世得究竟智，或復有餘得阿那含。阿那律陀！汝當成就此大人八念，亦應得此四增上心，現法樂居易不難得已，然後於枝提瘦水渚林中受夏坐也。」

爾時世尊為尊者阿那律陀說法，勸發渴仰成就歡喜。無量方便為彼說法，勸發渴仰成就歡喜已，入如其像定，以如其像定，猶若力士屈申臂頃，如是世尊從枝提瘦水渚林中忽沒不見，住婆奇瘦鼉山怖林鹿野園中。彼時尊者阿難執拂侍佛，於是世尊便從定覺，迴顧告曰：「阿難！若有比丘遊鼉山怖林鹿野園中者，令彼一切皆集講堂。集講堂已，還來白我。」

尊者阿難受佛教已，稽首禮足，即行宣勅，諸有比丘遊鼉山怖林鹿野園中者，令彼一切皆集講堂。集講堂已，還詣佛所，頭面禮足，却住一面，白曰：「世尊！諸有比丘遊鼉山怖林鹿野園中者，已令一切皆集講堂。唯願世尊自當知時。」

於是世尊將尊者阿難往詣講堂，於比丘眾前敷座而坐。坐已告曰：「諸比丘！我今為汝說大人八念，汝等諦聽！善思念之。」

時諸比丘受教而聽。佛言：「大人八念者，謂道從無欲，非有欲得；道從知足，非無厭得；道從遠離，非樂聚會、非住聚會、非合聚會得；道從精勤，非懈怠得；道從正念，非邪念得；道從定意，非亂意得；道從智慧，非愚癡得；道從不戲、樂不戲、行不戲，非戲、非樂戲、非行戲得。

「云何道從無欲，非有欲得？謂比丘得無欲，自知得無欲，不令他人知我無欲。得知足、得遠離、得精勤、得正念、得定意、得智慧、得不戲，自知得不戲，不欲令他知我無欲，是謂道從無欲，非有欲得。云何道從知足，非無厭得？謂比丘行知足，衣取覆形，食取充軀，是謂道從知足，非無厭得。云何道從遠離，非樂聚會、非住聚會、非合聚會得？謂比丘行遠離，成就二遠離，身及心俱遠離，是謂道從遠離，非樂聚會、非住聚會、非合聚會得。云何道從精進，非懈怠得？謂比丘常行精進，斷惡不善修諸善法，恒自起意專一堅固，為諸善本不捨方便，是謂道從精勤，非懈怠得。云何道從正念，非邪念得？謂比丘觀內身如身，觀內覺心法如法，是謂道從正念，非邪念得。云何道從定意，非亂意得？謂比丘離欲、離惡不善之法，至得第四禪成就遊，是謂道從定意，非亂意得。云何道從智慧，非愚癡得？謂比丘修行智慧，觀興衰法得如是智，聖慧明達分別曉了，以正盡苦，是謂道從智慧，非愚癡得。云何道從不戲、樂不戲、行不戲，非戲、非樂戲、非行戲得？謂比丘意常滅戲，樂住無餘涅槃，心恒樂住，歡喜意解，是謂道從不戲、樂不戲、行不戲，非戲、非樂戲、非行戲得。

「諸比丘！阿那律陀比丘成就此大人八念已，然後枝提瘦水渚林中受夏坐也。我以此教彼在遠離獨住，心無放逸修行精勤。彼在遠離獨住，心無放逸修行精勤已，族姓子所為剃除鬚髮，著袈裟衣，至信捨家無家學道者，唯無上梵行訖，於現法中自知自覺，自作證成就遊

：生已盡，梵行已立，所作已辦，不更受有，知如真。」

是時尊者阿那律陀得阿羅訶心正解脫，得長老上尊，則於爾時而說頌曰：

遙知我思念，無上世間師，正身心入定，乘虛忽來到。
如我心所念，為說而復過，諸佛樂不戲，遠離一切戲。
既從彼知法，樂住正法中，逮得三昧達，佛法作已辦。
我不樂於死，亦不願於生，隨時任所適，立正念正智。
鞞耶離竹林，我壽在彼盡，當在竹林下，無餘般涅槃。

佛說如是，尊者阿那律陀及諸比丘聞佛所說，歡喜奉行。

八念經第三竟（千九百五十四字）

（七五）中阿含長壽王品淨不動道經第四（第二小土城誦）

我聞如是：一時，佛遊拘樓瘦，在劍磨瑟曇拘樓都邑。

爾時世尊告諸比丘：「欲者無常、虛偽、妄言，是妄言法則是幻化、欺誑、愚癡。若現世欲及後世欲，若現世色及後世色，彼一切是魔境界，則是魔餌。因此令心生無量惡不善之法，增伺、瞋恚及鬪諍等，謂聖弟子學時為作障礙。多聞聖弟子作如是觀：世尊所說，欲者無常、虛偽、妄言，是妄言法則是幻化、欺誑、愚癡。若現世欲及後世欲，若現世色及後世色，彼一切是魔境界，則是魔餌。因此令心生無量惡不善之法，增伺、瞋恚及鬪諍等，謂聖弟子學時為作障礙。彼作是念：我可得大心成就遊，掩伏世間攝持其心。若我得大心成就遊，掩伏世間攝持其心者，如是心便不生無量惡不善之法，增伺、瞋恚及鬪諍等，謂聖弟子學時為作障礙。彼以是行、以是學，如是修習而廣布，便於處得心淨。於處得心淨已，比丘者或於此得入不動，或以慧為解；彼於後時身壞命終，因本意故，必至不動，是謂第一說淨不動道。

「復次，多聞聖弟子作如是觀：若有色者，彼一切四大及四大造；四大者是無常法，是苦、是滅。彼如是行、如是學，如是修習而廣布，便於處得心淨。於處得心淨已，比丘者或於此得入不動，或以慧為解。彼於後時身壞命終，因本意故，必至不動，是謂第二說淨不動道。

「復次，多聞聖弟子作如是觀：若現世欲及後世欲，若現世色及後世色，若現世欲想、後世欲想，若現世色想、後世色想，彼一切想是無常法，是苦、是滅。彼於爾時必得不動想，彼如是行、如是學，如是修習而廣布，便於處得心淨。於處得心淨已，比丘者或於此得入不動，或以慧為解。彼於後時身壞命終，因本意故，必至不動，是謂第三說淨不動道。

「復次，多聞聖弟子作如是觀：若現世欲想、後世欲想，若現世色想、後世色想及不動想，彼一切想是無常法，是苦、是滅。彼於爾時得無所有處想，彼如是行、如是學，如是修習而廣布，便於處得心淨。於處得心淨已，比丘者或於此得入不動，或以慧為解。彼於後時身壞命終，因本意故，必至不動，是謂第一說淨無所有處道。

「復次，多聞聖弟子作如是觀：此世空，空於神、神所有，空有常，空有恒，空長存，空不變易。彼如是行、如是學，如是修習而廣布，便於處得心淨。於處得心淨已，比丘者或於此得入無所有處，或以慧為解。彼於後時身壞命終，因本意故，必至無所有處，是謂第二說淨無所有處道。

「復次，多聞聖弟子作如是觀：我非為他而有所為，亦非自為而有所為。彼如是行、如是學，如是修習而廣布，便於處得心淨。於處得心淨已，比丘者或於此得入無所有處，或以慧為解。彼於後時身壞命終，因本意故，必至無所有處，是謂第三說淨無所有處道。

「復次，多聞聖弟子作如是觀：若現世欲及後世欲，若現世色及後世色，若現世欲想、後世欲想，若現世色想、後世色想，及不動想、無所有處想，彼一切想是無常法，是苦、是滅。彼於爾時而得無想，彼如是行、如是學，如是修習而廣布，便於處得心淨。於處得心淨已，比丘者或於此得入無想，或以慧為解。彼於後時身壞命終，因本意故，必至無想處，是謂說淨無想道。」

是時尊者阿難執拂侍佛，於是尊者阿難叉手向佛白曰：「世尊！若有比丘如是行，無我、無我所，我當不有、我所當不有，若本有者，便盡得捨。世尊！比丘行如是，彼為盡得般涅槃耶？」

世尊告曰：「阿難！此事不定，或有得者，或有不得。」

尊者阿難白曰：「世尊！比丘云何行，不得般涅槃？」

世尊告曰：「阿難！若比丘如是行：無我、無我所，我當不有、我所當不有，若本有者，便盡得捨。阿難！若比丘樂彼捨、著彼捨、住彼捨者，阿難！比丘行如是，必不得般涅槃。」

尊者阿難白曰：「世尊！比丘若有所受，不得般涅槃耶？」

世尊告曰：「阿難！若比丘有所受者，彼必不得般涅槃也。」

尊者阿難白曰：「世尊！彼比丘為何所受？」

世尊告曰：「阿難！行中有餘，謂有想、無想處，於有中第一，彼比丘受。」尊者阿難白曰：「世尊！彼比丘受餘行耶？」

世尊告曰：「阿難！如是比丘受餘行也。」

尊者阿難白曰：「世尊！比丘云何行，必得般涅槃？」

世尊告曰：「阿難！若比丘如是行：無我、無我所，我當不有、我所當不有，若本有者，便盡得捨。阿難！若比丘不樂彼捨，不著彼捨，不住彼捨者。阿難！比丘行如是，必得般涅槃。」

尊者阿難白曰：「世尊！比丘若無所受，必得般涅槃耶？」

世尊告曰：「阿難！若比丘無所受，必得般涅槃。」

爾時尊者阿難叉手向佛，白曰：「世尊！已說淨不動道，已說淨無所有處道，已說淨無想道，已說無餘涅槃。世尊！云何聖解脫耶？」

世尊告曰：「阿難！多聞聖弟子作如是觀：若現世欲及後世欲，

若現世色及後世色，若現世欲想、後世欲想，若現世色想、後世色想，及不動想、無所有處想、無想想，彼一切想是無常法，是苦、是滅，是謂自己有。若自己有者，是生、是老、是病、是死。阿難！若有此法，一切盡滅無餘不復有者，彼則無生，無老、病、死。聖如是觀，若有者必是解脫法，若有無餘涅槃者是名甘露。彼如是觀、如是見，必得欲漏心解脫，有漏、無明漏心解脫，解脫已便知解脫：生已盡，梵行已立，所作已辦、不更受有，知如真。

「阿難！我今為汝已說淨不動道，已說淨無所有處道，已說淨無想道，已說無餘涅槃，已說聖解脫，如尊師所為弟子起大慈哀*憐念愍傷，求義及饒益，求安隱快樂者，我今已作。汝等當復自作，至無事處，至林樹下，空安靜處燕坐思惟，勿得放逸！勤加精進，莫令後悔！此是我之教勑，是我訓誨。」

佛說如是，尊者阿難及諸比丘聞佛所說，歡喜奉行。

淨不動◎道經第四竟千七百八十七字

（七六）中阿含長壽王品郁伽支羅經第五第二小土城誦

我聞如是：一時，佛遊郁伽支羅，在恒水池岸。

爾時一比丘則於晡時從燕坐起，往詣佛所，稽首佛足，却坐一面，白曰：「世尊！唯願為我善略說法，從①世尊聞已，在遠離獨住，心無放逸修行精勤。因在遠離獨住，心無放逸修行精勤故，族姓子所為剃除鬚髮，著袈裟衣，至信捨家無家學道者，唯無上梵行訖，於現法中自知自覺，自作證成就遊：生已盡，梵行已立，所作已辦，不更受有，知如真。」

世尊告曰：「比丘！當如是學，令心得住在內不動，無量善修。復觀內身如身，行極精勤，立正念、正智，善自御心令離慳貪，意無憂慼。復觀外身如身，行極精勤，立正念、正智，善自御心，令離慳貪，意無憂慼。復觀內外身如身，行極精勤，立正念、正智，善自御心令離慳貪，意無憂慼。比丘！如此之定，去時、來時當善修習，住時、坐時、臥時、眠時、寤時、眠寤時亦當修習。復次，亦當修習有覺有觀定、無覺少觀定，修習無覺無觀定，亦當修習喜共俱定、樂共俱定、定共俱定，修習捨共俱定。

「比丘！若修此定極善修者，比丘！當復更修觀內覺如覺，行極精勤，立正念、正智，善自御心令離慳貪，意無憂慼。復觀外覺如覺，行極精勤，立正念、正智，善自御心，令離慳貪，意無憂慼。復觀內外覺如覺，行極精勤，立正念、正智，善自御心令離慳貪，意無憂慼。比丘！如此之定，去時、來時當善修習，住時、坐時、臥時、眠時、寤時、眠寤時亦當修習。復次，亦當修習有覺有觀定、無覺少觀定，修習無覺無觀定，亦當修習喜共俱定、樂共俱定、定共俱定，修習捨共俱定。

「比丘！若修此定極善修者，比丘！當復更修觀內心如心，行極精勤，立正念、正智，善自御心，令離慳貪，意無憂慼。復觀外心如心，行極精勤，立正念、正智，善自御心令離慳貪，意無憂慼。復觀內外心如心，行極精勤，立正念、正智，善自御心令離慳貪，意無憂慼。比丘！如此之定，去時、來時當善修習，住時、坐時、臥時、眠時、寤時、眠寤時亦當修習。復次，亦當修習有覺有觀定、無覺少觀定，修習無覺無觀定，亦當修習喜共俱定、樂共俱定、定供俱定，修習捨共俱定。

「比丘！若修此定極善修者，比丘！當復更修觀內法如法，行極精勤，立正念，正智，善自御心令離慳貪，意無憂慼。復觀外法如法，行極精勤，立正念、正智，善自御心令離慳貪，意無憂慼。復觀內外法如法，行極精勤，立正念、正智，善自御心令離慳貪，意無憂慼。比丘！如此之定，去時、來時當善修習，住時、坐時、臥時、眠時、寤時、眠寤時亦當修習。復次，亦當修習有覺有觀定、無覺少觀定，修習無覺無觀定，亦當修習喜共俱定、樂共俱定，定共俱定，修習捨共俱定。

「比丘！若修此定極善修者，比丘！心當與慈俱，遍滿一方成就遊。如是二三四方、四維上下，普周一切，心與慈俱，無結無怨，無恚無諍，極廣甚大無量善修，遍滿一切世間成就遊。如是悲、喜，心與捨俱，無結無怨，無恚無諍，極廣甚大無量善修，遍滿一切世間成就遊。比丘！若汝修習此定極善修者，若遊東方，必得安樂無衆苦患；若遊南方、西方、北方者，必得安樂無眾苦患。比丘！若汝修習此定極善修者，我尚不說汝諸善法住，況說衰退？但當晝夜增長善法而不衰退。比丘！若汝修習此定極善修者，汝於二果必得其一，或於現世得究竟智，或復有餘得阿那含。」

於是彼比丘聞佛所說，善受善持，即從坐起，稽首佛足，繞三匝而去。受持佛教，在遠離獨住，心無放逸修行精勤。因在遠離獨住，心無放逸修行精勤故，族姓子所為，剃除鬚髮，著袈裟衣，至信捨家無家學道者，唯無上梵行訖，於現法中自知自覺，自作證成就遊：生已盡，梵行已立，所作已辦，不更受有，知如真。彼尊者知法已，至得阿羅訶。

佛說如是，彼諸比丘聞佛所說，歡喜奉行。

郁伽支羅經第五竟千二百六字

（七七）中阿含長壽王品娑雞帝三族姓子經第六第二小土城誦

我聞如是：一時，佛遊娑雞帝，在青林中。

爾時娑雞帝有三族姓子，尊者阿那律陀、尊者難提、尊者金毘羅，並皆年少，新出家學，共來入此正法不久。爾時世尊問諸比丘：「此三族姓子並皆年少，新出家學，共來入此正法不久。此三族姓子，頗樂於此正法律中行梵行耶？」

時諸比丘嘿然不答。

世尊復再三問諸比丘：「此三族姓子並皆年少，新出家學，共來入此正法不久。此三族姓子，頗樂於此正法律中行梵行耶？」

時諸比丘亦復再三嘿然不答。

於是世尊自問三族姓子，告尊者阿那律陀：「汝等三族姓子並皆年少，新出家學，共來入此正法不久。阿那律陀！汝等頗樂此正法律中行梵行耶？」

尊者阿那律陀白曰：「世尊！如是！我等樂此正法修行梵行。」

世尊問曰：「阿那律陀！汝等小時年幼童子，清淨黑髮身體盛壯，樂於遊戲，樂數澡浴，嚴愛其身。於後親親及其父母皆相愛戀，悲泣啼哭，不欲令汝出家學道，汝等故能剃除鬚髮，著袈裟衣，至信捨家無家學道。阿那律陀！汝等不畏王而行學道，亦不畏賊、不畏負債、不畏恐怖、不畏貧窮不得活故而行學道，但厭生老病死、啼哭憂苦，或復欲得大苦聚邊。阿那律陀！汝等不以如是心故出家學道耶？」

答曰：「如是。」

「阿那律陀！若族姓子，以如是心出家學道者，為知所由得無量善法耶？」

尊者阿那律陀白世尊曰：「世尊為法本，世尊為法主，法由世尊，唯願說之！我等聞已得廣知義。」

佛便告曰：「阿那律陀！汝等諦聽！善思念之，我當為汝分別其義。」

阿那律陀等受教而聽。世尊告曰：「阿那律陀！若為欲所覆，惡法所纏者，不得捨樂無上止息，彼心生增伺、瞋恚、睡眠，心生不樂，身生頻伸，多食心憂。彼比丘便不能忍飢渴、寒熱、蚊虻、蠅蚤、風日所逼，惡聲、捶杖亦不能忍，身遇諸疾極為苦痛，至命欲絕，諸不可樂皆不堪耐。所以者何？以為欲所覆，惡法所纏，不得捨樂無上止息故。若有離欲、非為惡法之所纏者，必得捨樂及無上止息，彼心不生增伺、瞋恚、睡眠，心不生不樂，身不生頻伸，亦不多食，心不愁憂。彼比丘便能忍飢渴、寒熱、蚊虻、蠅蚤、風日所逼，惡聲、捶杖亦能忍之，身遇諸疾極為苦痛，至命欲絕，諸不可樂皆能堪耐。所以者何？以非為欲所覆故，不為惡法之所纏故，又得捨樂無上止息故。」

世尊問曰：「阿那律陀！如來以何義故，或有所除，或有所用，或有所堪，或有所止，或有所吐耶？」

阿那律陀白世尊曰：「世尊為法本，世尊為法主，法由世尊，唯願說之！我等聞已得廣知義。」

佛便告曰：「阿那律陀！汝等諦聽！善思念之，我當為汝分別其義。」

阿那律陀等受教而聽。世尊告曰：「阿那律陀！諸漏穢污為當來有本，煩熱苦報、生、老、病、死，因如來非不盡、非不知故，或有所除，或有所用，或有所堪，或有所止，或有所吐。阿那律陀！如來但因此身故，因六處故，因壽命故，或有所除，或有所用，或有所堪，或有所止，或有所吐。阿那律陀！如來以此義故，或有所除，或有所用，或有所堪，或有所止，或有所吐。」

世尊問曰：「阿那律陀！如來以何義故，住無事處、山林樹下，樂居高巖，寂無音聲，遠離、無惡，無有人民，隨順燕坐耶？」

尊者阿那律陀白世尊曰：「世尊為法本，世尊為法主，法由世尊，唯願說之！我等聞已得廣知義。」

佛便告曰：「阿那律陀！汝等諦聽！善思念之，我當為汝分別其義。」

阿那律陀等受教而聽。世尊告曰：「阿那律陀！如來非為未得欲得、未獲欲獲、未證欲證故，住無事處、山林樹下，樂居高巖，寂無音聲，遠離、無惡，無有人民，隨順燕坐。阿那律陀！如來但以二義故，住無事處、山林樹下，樂居高巖，寂無音聲，遠離、無惡，無有人民，隨順燕坐。一者、為自現法樂居故，二者、為慈愍後生人故。或有後生人效如來住無事處、山林樹下，樂居高巖，寂無音聲，遠離、無惡，無有人民，隨順燕坐。阿那律陀！如來以此義故，住無事處、山林樹下，樂居高巖，寂無音聲，遠離、無惡，無有人民，隨順燕坐。」

世尊問曰：「阿那律陀！如來以何義故，弟子命終，記說某生某處、某生某處？」

尊者阿那律陀白世尊曰：「世尊為法本，世尊為法主，法由世尊，唯願說之！我等聞已得廣知義。」

佛便告曰：「阿那律陀！汝等諦聽！善思念之，我當為汝分別其義。」

阿那律陀等受教而聽。

世尊告曰：「阿那律陀！如來非為趣為人說，亦不欺誑人，亦不欲得人歡樂故，弟子命終，記說某生某處、某生某處。阿那律陀！如來但為清信族姓男、族姓女，極信極愛，極生喜悅，聞此正法律已，或心願效如是如是故，弟子命終，記說某生某處、某生某處。若比丘聞某尊者於某處命終，彼為佛所記，得究竟智：生已盡，梵行已立，所作已辦，不更受有，知如真。或自見彼尊者，或復從他數數聞之：

彼尊者如是有信，如是持戒，如是博聞，如是惠施，如是智慧。其人聞已，憶彼尊者有信、持戒、博聞、惠施、智慧，聞此正法律已，或心願效如是如是。阿那律陀！如是比丘必得差降安樂住止。

「阿那律陀！復次，比丘聞某尊者於某處命終，彼為佛所記，五下分結已盡，生於彼間而般涅槃，得不退法，不還此世。或自見彼尊者，或復從他數數聞之：彼尊者如是有信，如是持戒，如是博聞，如是*惠施，如是智慧。其人聞已，憶彼尊者有信、持戒、博聞、惠施、智慧，聞此正法律已，或心願效如是如是。阿那律陀！如是比丘必得差降安樂住止。

「阿那律陀！復次，比丘聞某尊者於某處命終，彼為佛所記，三結盡，婬怒癡薄，得一往來天上人間，一往來已而得苦際。或自見彼尊者，或復從他數數聞之：彼尊者如是有信，如是持戒，如是博聞，如是惠施，如是智慧。其人聞已，憶彼尊者有信、持戒、博聞、惠施、智慧，聞此正法律已，或心願效如是如是。阿那律陀！如是比丘必得差降安樂住止。

「阿那律陀！復次，比丘聞某尊者於某處命終，彼為佛所記，三結已盡得須陀洹，不墮惡法定趣正覺，極受七有，天上人間七往來已而得苦際。或自見彼尊者，或復從他數數聞之：彼尊者如是有信，如是持戒，如是博聞，如是惠施，如是智慧。其人聞已，憶彼尊者有信、持戒、博聞、惠施、智慧，聞此正法律已，或心願效如是如是。阿那律陀！如是比丘必得差降安樂住止。

「阿那律陀！若比丘尼聞某比丘尼於某處命終，彼為佛所記，得究竟智：生已盡，梵行已立，所作已辦，不更受有，知如真。或自見彼比丘尼，或復從他數數聞之：彼比丘尼如是有信，如是持戒，如是博聞，如是惠施，如是智慧。其人聞已，憶彼比丘尼有信、持戒、博聞、惠施、智慧，聞此正法律已，或心願效如是如是。阿那律陀！如是比丘尼必得差降安樂住止。

「阿那律陀！復次，比丘尼聞某比丘尼於某處命終，彼為佛所記，五下分結已盡，生於彼間而般涅槃，得不退法，不還此生。或自見彼比丘尼，或復從他數數聞之：彼比丘尼如是有信，如是持戒，如是博聞，如是惠施，如是智慧。其人聞已，憶彼比丘尼有信、持戒、博聞、惠施、智慧，聞此正法律已，或心願效如是如是。阿那律陀！如是比丘尼必得差降安樂住止。

「阿那律陀！復次，比丘尼聞某比丘尼於某處命終，彼為佛所記，三結已盡，婬怒癡薄，得一往來天上人間，一往來已而得苦際。或自見彼比丘尼，或復從他數數聞之：彼比丘尼如是有信，如是持戒，如是博聞，如是惠施，如是智慧。其人聞已，憶彼比丘尼有信、持戒、博聞、*惠施、智慧，聞此正法律已，或心願效如是如是。阿那律陀！如是比丘尼必得差降安樂住止。

「阿那律陀！復次，比丘尼聞某比丘尼於某處命終，彼為佛所記，三結已盡得須陀洹，不墮惡法定趣正覺，極受七有，天上人間七往來已而得苦際。或自見彼比丘尼，或復從他數數聞之：彼比丘尼如是有信，如是持戒，如是博聞，如是惠施，如是智慧。其人聞已，憶彼比丘尼有信、持戒、博聞、惠施、智慧，聞此正法律已，或心願效如是如是。阿那律陀！如是比丘尼必得差降安樂住止。

「阿那律陀！若優婆塞聞某優婆塞於某村命終，彼為佛所記，五下分結已盡，生於彼間而般涅槃，得不退法，不還此世。或自見彼優婆塞，或復從他數數聞之：彼優婆塞如是有信，如是持戒，如是博聞，如是惠施，如是智慧。其人聞已，憶彼優婆塞有信、持戒、博聞、惠施、智慧，聞此正法律已，或心願效如是如是。阿那律陀！如是優婆塞必得差降安樂住止。

「阿那律陀！復次，優婆塞聞某優婆塞於某村命終，彼為佛所記，三結已盡，婬怒癡薄，得一往來天上人間，一往來已而得苦際。或自見彼優婆塞，或復從他數數聞之：彼優婆塞如是有信，如是持戒，如是博聞，如是惠施，如是智慧。其人聞已，憶彼優婆塞有信、持戒、博聞、惠施、智慧，聞此正法律已，或心願效如是如是。阿那律陀！如是彼優婆塞必得差降安樂住止。

「阿那律陀！復次，優婆塞聞某優婆塞於某村命終，彼為佛所記，三結已盡得須陀洹，不墮惡法定趣正覺，極受七有，天上人間七往來已而得苦際。或自見彼優婆塞，或復從他數數聞之：彼優婆塞如是有信，如是持戒，如是博聞，如是惠施，如是智慧。其人聞已，憶彼優婆塞有信、持戒、博聞、惠施、智慧，聞此正法律已，或心願效如是如是。阿那律陀！如是優婆塞必得差降安樂住止。

「阿那律陀！若優婆私聞某優婆私於某村命終，彼為佛所記，五下分結已盡，生於彼間而般涅槃，得不退法，不還此世。或自見彼優婆私，或復從他數數聞之：彼優婆私如是有信，如是持戒，如是博聞，如是惠施，如是智慧。其人聞已，憶彼優婆私有信、持戒、博聞、*惠施、智慧，聞此正法律已，或心願效如是如是。阿那律陀！如是優婆私必得差降安樂住止。

「阿那律陀！復次，優婆私聞某優婆私於某村命終，彼為佛所記，三結已盡，婬怒癡薄，得一往來天上人間，一往來已而得苦際。或自見彼優婆私，或復從他數數聞之：彼優婆私如是有信，如是持戒，如是博聞，如是惠施，如是智慧。其人聞已，憶彼優婆私有信、持戒、博聞、*惠施、智慧，聞此正法律已，或心願效如是如是。阿那律陀！如是優婆私必得差降安樂住止。

「阿那律陀！復次，優婆私聞某優婆私於某村命終，彼為佛所記，三結已盡得須陀洹，不墮惡趣定趣正覺，極受七有，天上人間七往來已而得苦際。或自見彼優婆私，或復從他數數聞之：彼優婆私如是有信，如是持戒，如是博聞，如是惠施，如是智慧。其人聞已，憶彼優婆私有信、持戒、博聞、惠施、智慧，聞此正法律已，或心願效如是如是。阿那律陀！如是優婆私必得差降安樂住止。阿那律陀！如來以此義故，弟子命終，記說某生某處、某生某處。」

佛說如是，尊者阿那律陀及諸比丘聞佛所說，歡喜奉行。

娑雞帝三族姓子經第六竟三千四百六字

中阿含經卷第十八萬一百二十七字　第二小土城誦

中阿含經卷第十九

東晉罽賓三藏瞿曇僧伽提婆譯

（七八）中阿含長壽王品梵天請佛經第七（第二小土城誦）

我聞如是：一時，佛遊舍衛國，在勝林給孤獨園。

爾時有一梵天住梵天上，生如是邪見：「此處有常，此處有恒，此處長存，此處是要，此處不終法，此處出要，此出要更無出要過其上，有勝、有妙、有最者。」

於是世尊以他心智，知彼梵天心之所念，即入如其像定，以如其像定，猶若力士屈申臂頃，於舍衛國勝林給孤獨園忽沒不現，往梵天上。

時彼梵天見世尊來，即請世尊：「善來，大仙人！此處有常，此處有恒，此處長存，此處是要，此處不終法，此處出要，此出要更無出要過其上，有勝、有妙、有最者。」

於是世尊告曰：「梵天！汝無常稱說常，不恒稱說恒，不存稱說存，不要稱說要，終法稱說不終法，非出要稱說出要，此出要更無出要過其上，有勝、有妙、有最者。梵天！汝有是無明！梵天！汝有是無明！」

時魔波旬在彼衆中，於是魔波旬語世尊曰：「比丘！莫違此梵天所說！莫逆此梵天所說！比丘！若汝違此梵天所說，逆此梵天所說者，是為，比丘！猶如有人吉祥事來而排却之，比丘所說亦復如是。是故，比丘！我語汝莫違此梵天所說！莫逆此梵天所說！比丘！若汝違此梵天所說，逆此梵天所說者，是為，比丘！猶如有人從山上墮，雖以手足捫摸於空而無所得，比丘所說亦復如是。是故，比丘！我語汝莫違此梵天所說！莫逆此梵天所說！比丘！若汝違此梵天所說，逆此梵天所說者，是為，比丘！猶如有人從樹上墮，雖以手足捫摸枝葉而無所得，比丘所說亦復如是。是故，比丘！我語汝莫違此梵天所說！莫逆此梵天所說！所以者何？此梵天梵，福祐、能化、最尊、能作、能造、是父，已有、當有一切衆生皆從是生，此所知盡知，所見盡見。

「大仙人！若有沙門、梵志，憎惡地、毀呰地者，彼身壞命終必生餘下賤妓樂神中。如是水、火、風、神、天、生主，憎惡梵天，毀呰梵天者，彼身壞命終必生餘下賤妓樂神中。大仙人！若有沙門、梵志，愛樂地、稱歎地者，彼身壞命終必生最上尊梵天中。如是水、火、風、神、天、生主，愛樂梵天，稱歎梵天者，彼身壞命終必生最上尊梵天中。大仙人！汝不見此梵天大眷屬坐如我輩耶？」

彼魔波旬非是梵天，亦非梵天眷屬，然自稱說我是梵天。爾時世尊便作是念：「此魔波旬非是梵天，亦非梵天眷屬，然自稱說我是梵天。若說有魔波旬者，此即是魔波旬。」

世尊知已，告曰：「魔波旬！汝非梵天，亦非梵天眷屬，然汝自稱說我是梵天。若說有魔波旬者，汝即是魔波旬。」

於是魔波旬而作是念：「世尊知我！善逝見我！」知已愁憂，即於彼處忽沒不現。

時彼梵天至再三請世尊：「善來，大仙人！此處有常，此處恒有，此處長存，此處是要，此處不終法，此處出要，此出要更無出要過其上，有勝、有妙、有最者。」

世尊亦至再三告曰：「梵天！汝無常稱說常，不恒稱說恒，不存稱說存，不要稱說要，終法稱說不終法，非出要稱說出要，此出要更無出要過其上，有勝、有妙、有最者。梵天！汝有是無明！梵天！汝有是無明！」

於是梵天白世尊曰：「大仙人！昔有沙門、梵志，壽命極長存住極久。大仙人！汝壽至短，不*如彼沙門、梵志一燕坐頃。所以者何？彼所知盡知，所見盡見，若實有出要者，更無餘出要過其上，有勝、有妙、有最者；若無有實出要者，更無餘出要過其上，有勝、有妙、有最者。大仙人！汝於出要不出要想，不出要出要想，如是汝不得出要便成大癡。所以者何？以無境界故。大仙人！若有沙門、梵志，愛樂地、稱歎地者，彼為我自在，為隨我所欲，為隨我所使。如是水、火、風、神、天、生主，愛樂梵天，稱歎梵天者，彼為我自在，為隨我所欲，為隨我所使。大仙人！若汝愛樂地、稱歎地者，汝亦為我自在，為隨我所欲，為隨我所使。如是水、火、風、神、天、生主，愛樂梵天，稱歎梵天者，汝亦為我自在，為隨我所欲，為隨我所使。」

於是世尊告曰：「梵天！如是梵天所說真諦，若有沙門、梵志，愛樂地、稱歎地者，彼為汝自在，為隨汝所欲，為隨汝所使。如是水、火、風、神、天、生主，愛樂梵天、稱歎梵天者，彼為汝自在，為隨汝所欲，為隨汝所使。梵天！若我愛樂地、稱歎地者，我亦為汝自在，為隨汝所欲，為隨汝所使。如是水、火、風、神、天、生主，愛樂梵天、稱歎梵天者，我亦為汝自在，為隨汝所欲，為隨汝所使。梵天！若此八事，我隨其事愛樂稱歎者，彼亦有如是。梵天！我知汝所從來處，所往至處，隨所住，隨所終，隨所生。若有，梵天！有大如意足，有大威德，有大福祐，有大威神。」

於是梵天白世尊曰：「大仙人！汝云何知我所知，見我所見？云何識悉我？如日自在明照諸方，是為千世界，於千世界中汝得自在耶？知彼彼處無有晝夜，大仙人曾更歷彼，數經歷彼耶？」

世尊告曰：「梵天！如日自在明照諸方，是為千世界，於千世界中我得自在，亦知彼彼處無有晝夜。梵天！我曾更歷彼，我數經歷彼。梵天！有三種天，光天、淨光天、遍淨光天。梵天！若彼三種天有知有見者，我亦有彼知見。梵天！若彼三種天無知無見者，我亦自有知見。梵天！若彼三種天及眷屬有知有見者，我亦有彼知見。梵天！若彼三種天及眷屬無知無見者，我亦自有知見。梵天！若汝有知有見者，我亦有此知見。梵天！若汝無知無見者，我亦自有知見。梵天！若汝及眷屬有知有見者，我亦有此知見。梵天！若汝及眷屬無知無見者，我亦自有知見。梵天！汝不與我一切等，不與我盡等，但我於汝最勝最上。」

於是梵天白世尊曰：「大仙人！何由得彼三種天有知有見者，汝亦有彼知見？若彼三種天無知無見者，汝亦自有知見？若彼三種天及眷屬有知有見者，汝亦有彼知見？若彼三種天及眷屬無知無見者，汝亦自有知見？若我有知有見者，汝亦有此知見？若我無知無見者，汝亦自有知見？若我及眷屬有知有見者，汝亦有此知見？若我及眷屬無知無見者，汝亦自有知見？大仙人！非為愛言耶？問已不知，增益愚癡。所以者何？以識無量境界故，無量知、無量見、無量種別，我各各知別，是地知地；水、火、風、神、天、生主，是梵天知梵天。」

於是世尊告曰：「梵天！若有沙門、梵志，於地有地想：『地是我，地是我所，我是地所。』彼計地是我已，便不知地。如是於水、火、風、神、天、生主、梵天、無煩、無熱，淨有淨想：『淨是我，淨是我所，我是淨所。』彼計淨是我已，便不知淨。梵天！若有沙門、梵志，地則知地，地非是我，地非我所，我非地所。彼不計地是我已，彼便知地。如是水、火、風、神、天、生主、梵天、無煩、無熱，淨則知淨，淨非是我，淨非我所，我非淨所。彼不計淨是我已，彼便知淨。梵天！我於地則知地，地非是我，地非我所，我非地所。我不計地是我已，我便知地。如是水、火、風、神、天、生主、梵天、無煩、無熱，淨則知淨，淨非是我，淨非我所，我非淨所。我不計淨是我已，我便知淨。」

於是梵天白世尊曰：「大仙人！此衆生愛有、樂有、習有，汝已拔有根本。所以者何？謂如來、無所著、等正覺故。便說頌曰：

於有見恐怖，　無有見不懼，　是故莫樂有，　有何不可斷？

「大仙人！我今欲自隱形。」

世尊告曰：「梵天！汝若欲自隱形者，便隨所欲。」

於是梵天即隨所處自隱其形，世尊即知：「梵天！汝在彼，汝在此，汝在中。」

於是梵天盡現如意，欲自隱形而不能隱，還住梵天中。

於是世尊告曰：「梵天！我今亦欲自隱其形。」

梵天白世尊曰：「大仙人！若欲自隱形者，便隨所欲。」

於是世尊而作是念：「我今寧可現如其像如意足，放極妙光明，照一切梵天而自隱住，使諸梵天及梵天眷屬但聞我聲而不見形。」

於是世尊即現如其像如意足，放極妙光明，照一切梵天便自隱住，使諸梵天及梵天眷屬但聞其聲而不見其形。

於是梵天及梵天眷屬各作是念：「沙門瞿曇甚奇！甚特！有大如意足，有大威德，有大福祐，有大威神。所以者何？謂放極妙光明，照一切梵天而自隱住，使我等及眷屬但聞彼聲而不見形。」

於是世尊復作是念：「我已化此梵天及梵天眷屬，我今寧可攝如意足。」

世尊便攝如意足，還住梵天中。於是魔王亦至再三在彼衆中。爾時魔王白世尊曰：「大仙人！善見、善知、善達，然莫訓誨教呵弟子，亦莫為弟子說法，莫著弟子。莫為著弟子故，身壞命終生餘下賤妓樂神中；行無為，於現世受安樂。所以者何？大仙人！此唐自煩勞。大仙人！昔有沙門、梵志，訓誨弟子，教呵弟子，亦為弟子說法，樂著弟子。彼以著弟子故，身壞命終生餘下賤妓樂神中。大仙人！是故我語汝，莫得訓誨教呵弟子，亦莫為弟子說法，莫著弟子。莫為著弟子故，身壞命終生餘下賤妓樂神中；行無為，於現世受安樂。所以者何？大仙人！汝唐自煩勞。」

於是世尊告曰：「魔波旬！汝不為我求義故說，非為饒益故，非為樂故，非為安隱故：『莫得訓誨教呵弟子，莫為弟子說法，莫著弟子。莫為著弟子故，身壞命終生餘下賤妓樂神中；行無為，於現世受安樂。所以者何？大仙人！汝唐自煩勞。』魔波旬！汝作是念：『此沙門瞿曇為弟子說法，彼弟子聞法已，出我境界。』魔波旬！是故汝今語我：『莫得訓誨教呵弟子，亦莫為弟子說法，莫著弟子。莫為著弟子故，身壞命終生餘下賤妓樂神中；行無為，於現世受安樂。所以者何？大仙人！汝唐自煩勞。』

「魔波旬！若有沙門、梵志訓誨弟子，教呵弟子，為弟子說法，樂著弟子。為著弟子故，身壞命終生餘下賤妓樂神中。彼沙門、梵志，彼非沙門稱說沙門，非梵志稱說梵志，非阿羅訶稱說阿羅訶，非等正覺稱說等正覺。魔波旬！我實沙門稱說沙門，實梵志稱說梵志，實阿羅訶稱說阿羅訶，實等正覺稱說等正覺。魔波旬！若我為弟子說法、若不說者，汝且自去！我今自知應為弟子說法、不應為弟子說法。」

是為梵天請，魔波旬違逆，世尊隨順說，是故此經名梵天請佛。

佛說如是，梵天及梵天眷屬聞佛所說，歡喜奉行。

梵天請佛經第七竟三千九十字

（七九）中阿含長壽王品有勝天經第八第二小土城誦

我聞如是：一時，佛遊舍衛國，在勝林給孤獨園。

於是仙餘財主告一使人：「汝往詣佛，為我稽首，禮世尊足，問訊世尊：聖體康強，安快無病，起居輕便，氣力如常耶？作如是語：『仙餘財主稽首佛足，問訊世尊：聖體康強，安快無病，起居輕便，氣力如常耶？』汝既為我問訊佛已，往詣尊者阿那律陀所，為我稽首禮彼足已，問訊尊者：聖體康強，安快無病，起居輕便，氣力如常不？作如是語：『仙餘財主稽首尊者阿那律陀足，問訊尊者：聖體康強，安快無病，起居輕便，氣力如常不？仙餘財主請尊者阿那律陀四人俱，供明日食。』若受請者，復作是語：『尊者阿那律陀！仙餘財主多事多為，為王眾事斷理臣佐，唯願尊者阿那律陀為慈愍故，與四人俱，明日早來至仙餘財主家。』」

於是使人受仙餘財主教已，往詣佛所，稽首佛足，却住一面，白曰：「世尊！仙餘財主稽首佛足，問訊世尊：聖體康強，安快無病，起居輕便，氣力如常耶？」

爾時世尊告使人曰：「令仙餘財主安隱快樂，令天及人、阿修羅、揵塔和、羅剎及餘種種身安隱快樂。」

於是使人聞佛所說，善受善持，稽首佛足，繞三匝而去，往詣尊者阿那律陀所，稽首禮足，却坐一面，白曰：「尊者阿那律陀！仙餘財主稽首尊者阿那律陀足，問訊尊者：聖體康強，安快無病，起居輕便，氣力如常不？仙餘財主請尊者阿那律陀四人俱，供明日食。」

是時尊者真迦旃延去尊者阿那律陀不遠而燕坐也，於是尊者阿那律陀告曰：「賢者迦旃延！我向所道，明日我等為乞食故，入舍衞國，正謂此也。今仙餘財主遣人請我等四人，供明日食。」

尊者真迦旃延即時白曰：「願尊者阿那律陀為彼人故，默然受請，我等明日出此闇林，為乞食故，入舍衞國。」

尊者阿那律陀為彼人故，默然而受。

於是使人知尊者阿那律陀默然受已，尋復白曰：「仙餘財主白尊者阿那律陀：『仙餘財主多事多為，為王衆事斷理臣佐，願尊者阿那律陀為慈愍故，與四人俱，明日早來，至仙餘財主家。』」

尊者阿那律陀告使人曰：「汝便還去，我自知時。」

於是使人即從坐起，稽首作禮，繞三匝而去。

於是尊者阿那律陀過夜平旦，著衣持鉢，四人共俱，往詣仙餘財主家。爾時仙餘財主婇女圍遶，住中門下，待尊者阿那律陀。仙餘財主遙見尊者阿那律陀來，見已叉手向尊者阿那律陀，讚曰：「善來，尊者阿那律陀！尊者阿那律陀久不來此。」

於是仙餘財主敬心扶抱尊者阿那律陀，將入家中，為敷好床，請使令坐。尊者阿那律陀即坐其床，仙餘財主稽首尊者阿那律陀足，却坐一面，坐已白曰：「尊者阿那律陀！欲有所問，唯願見聽！」

尊者阿那律陀告曰：「財主！隨汝所問，聞已當思。」

仙餘財主便問尊者阿那律陀：「或有沙門、梵志來至我所，語我

：『財主！汝當修大心解脫。』尊者阿那律陀！復有沙門、梵志來至我所，語我：『財主！汝當修無量心解脫。』尊者阿那律陀！大心解脫、無量心解脫，此二解脫，為文異義異耶？為一義文異耶？」

尊者阿那律陀告曰：「財主！汝前問此事，汝先自答，我當後答。」仙餘財主白曰：「尊者阿那律陀！大心解脫、無量心解脫，此二解脫一義文異，仙餘財主不能答此事。」

尊者阿那律陀告曰：「財主！當聽我為汝說大心解脫、無量心解脫。大心解脫者，若有沙門、梵志在無事處，或至樹下空安靜處，依一樹，意解大心解脫遍滿成就遊，彼齊限是心解脫不過是。若不依一樹者，當依二三樹，意解大心解脫遍滿成就遊，彼齊限是心解脫不過是。若不依二三樹者，當依一林；若不依一林者，當依二三林；若不依二三林者，當依一村；若不依一村者，當依二三村；若不依二三村者，當依一國；若不依一國者，當依二三國；若不依二三國者，當依此大地乃至大海，意解大心解脫遍滿成就遊，彼齊限是心解脫不過是，是謂大心解脫。

「財主！云何無量心解脫？若有沙門、梵志在無事處，或至樹下空安靜處，心與慈俱，遍滿一方成就遊。如是二三四方、四維上下，普周一切，心與慈俱，無結無怨，無恚無諍，極廣甚大無量善修，遍滿一切世間成就遊。如是悲、喜，心與捨俱，無結無怨，無恚無諍，極廣甚大無量善修，遍滿一切世間成就遊，是謂無量心解脫。財主！

大心解脫、無量心解脫，此二解脫為義異文異？為一義文異耶？」

仙餘財主白尊者阿那律陀曰：「如我從尊者聞，則解其義，此二解脫義既異，文亦異。」

尊者阿那律陀告曰：「財主！有三種天，光天、淨光天、遍淨光天。於中光天者，彼生在一處，不作是念：『此我所有，彼我所有。』但光天隨其所往，即樂彼中。財主！猶如蠅在肉段，不作是念：『此我所有，彼我所有。』但蠅隨肉段去，即樂彼中。如是彼光天不作是念：『此我所有，彼我所有。』但光天隨其所往，即樂彼中。有時光天集在一處，雖身有異而光不異。財主！猶如有人然無量燈，著一室中，彼燈雖異而光不異。如是彼光天集在一處，雖身有異而光不異。有時光天各自散去，彼時各散去時，其身既異，光明亦異。財主！猶如有人從一室中出衆多燈，分著諸室，彼燈即異光明亦異。如是彼光天各自散去，彼各散去時，其身既異，光明亦異。」

於是尊者真迦旃延白曰：「尊者阿那律陀！彼光天生在一處，可知有勝如、妙不妙耶？」

尊者阿那律陀答曰：「賢者迦旃延！可說彼光天生在一處，知有勝如、妙與不妙。」

尊者真迦旃延復問曰：「尊者阿那律陀！彼光天生在一處，何因何緣知有勝如、妙與不妙耶？」

尊者阿那律陀答曰：「賢者迦旃延！若有沙門、梵志在無事處，或至樹下空安靜處，依一樹，意解作光明想成就遊，心作光明想極盛，彼齊限是心解脫不過是。若不依一樹者，或依二三樹，意解作光明想成就遊，心作光明想極盛，彼齊限是心解脫不過是。賢者迦旃延！此二心解脫，何解脫為上、為勝、為妙、為最耶？」

尊者真迦旃延答曰：「尊者阿那律陀！若有沙門、梵志不依一樹者，或依二三樹，意解作光明想成就遊，心作光明想極盛，彼齊限是心解脫不過是。尊者阿那律陀！二解脫中，此解脫為上、為勝、為妙、為最。」

尊者阿那律陀復問曰：「賢者迦旃延！若不依二三樹者，或依一林；若不依一林者，或依二三林；若不依二三林者，或依一村；若不依一村者，或依二三村；若不依二三村者，或依一國；若不依一國者，或依二三國；若不依二三國者，或依此大地乃至大海，意解作光明想成就遊，心作光明想極盛，彼齊限是心解脫不過是。賢者迦旃延！此二解脫，何解脫為上、為勝、為妙、為最？」

尊者真迦旃延答曰：「尊者阿那律陀！若有沙門、梵志不依二三樹者，或依一林；若不依一林者，或依二三林；若不依二三林者，或依一村；若不依一村者，或依二三村；若不依二三村者，或依一國；若不依一國者，或依二三國；若不依二三國者，或依此大地乃至大海，意解作光明想成就遊，心作光明想極盛，彼齊限是心解脫不過是。尊者阿那律陀！二解脫中，此解脫為上、為勝、為妙、為最。」

尊者阿那律陀告曰：「迦旃延！因是緣是，彼光天生在一處，知有勝如、妙與不妙。所以者何？因人心勝如故，修便有精麤；因修有精麤故，得人則有勝如。賢者迦旃延！世尊亦如是說人有勝如。」

尊者真迦旃延復問曰：「尊者阿那律陀！彼淨光天生在一處，可知有勝如、妙與不妙耶？」

尊者阿那律陀答曰：「賢者迦旃延！可說彼淨光天生在一處，知有勝如、妙與不妙。」

尊者真迦旃延復問曰：「尊者阿那律陀！彼淨光天生在一處，何因何緣知有勝如、妙與不妙耶？」

尊者阿那律陀答曰：「賢者迦旃延！若有沙門、梵志在無事處，或至樹下空安靜處，意解淨光天遍滿成就遊，彼此定不修、不習、不廣、不極成就，彼於後時，身壞命終生淨光天中。彼生已，不得極止息，不得極寂靜，亦不得盡壽訖。賢者迦旃延！猶青蓮華，紅、赤、白蓮，水生水長，在水底時，爾時根、莖、葉、華，彼一切水漬、水澆、水所潤，無處不漬。賢者迦旃延！若有沙門、梵志在無事處，或至樹下空安靜處，意解淨光天遍滿成就遊，彼此定不修、不習、不廣、不極成就，彼身壞命終生淨光天中。彼生已，不得極止息，不得極寂靜，亦不得盡壽訖。

「賢者迦旃延！復有沙門、梵志，意解淨光天遍滿成就遊，彼此定數修、數習、數廣、極成就，彼身壞命終生淨光天中。彼生已，得極止息，得極寂靜，亦得壽盡訖。賢者迦旃延！猶青蓮華，紅、赤、白蓮，水生水長，出水上住，水所不漬。賢者迦旃延！如是復有沙門、梵志在無事處，或至樹下空安靜處，意解淨光天遍滿成就遊，彼此定數修、數習、數廣、極成就，彼身壞命終生淨光天中。彼生已，得極止息，得極寂靜，亦得壽盡訖。賢者迦旃延！因是緣是，彼淨光天生在一處，知有勝如、妙與不妙。所以者何？因人心勝如故，修便有精麤；因修有精麤故，得人則有勝如。賢者迦旃延！世尊亦如是說人有勝如。」

尊者真迦旃延復問曰：「尊者阿那律陀！彼遍淨光天生在一處，可知有勝如、妙與不妙耶？」

尊者阿那律陀答曰：「賢者迦旃延！可說彼遍淨光天生在一處，知有勝如、妙與不妙。」

尊者真迦旃延復問曰：「尊者阿那律陀！彼遍淨光天生在一處，何因何緣知有勝如、妙與不妙耶？」

尊者阿那律陀答曰：「賢者迦旃延！若有沙門、梵志在無事處，或至樹下空安靜處，意解遍淨光天遍滿成就遊，彼不極止睡眠，不善息調悔，彼於後時，身壞命終生遍淨光天中。彼生已，光不極淨。賢者迦旃延！譬如燃燈，因緣油炷，若油有滓，炷復不淨，因是燈光生不明淨。賢者迦旃延！如是若有沙門、梵志在無事處，或至樹下空安靜處，意解遍淨光天遍滿成就遊，彼不極止睡眠，不善息調悔，彼身壞命終生遍淨光天中。彼生已，光不極淨。

「賢者迦旃延！復有沙門，梵志在無事處，或至樹下空安靜處，意解遍淨光天遍滿成就遊，彼極止睡眠，善息調悔，彼身壞命終生遍淨光天中。彼生已，光極明淨。賢者迦旃延！譬如然燈，因緣油炷，若油無滓，炷復極淨，因是燈光生極明淨。賢者迦旃延！如是復有沙門，梵志在無事處，或至樹下空安靜處，意解遍淨光天遍滿成就遊，彼極止睡眠，善息調悔，彼身壞命終生遍淨光天中。彼生已，光極明淨。賢者迦旃延！因是緣是，彼遍淨光天生在一處，知有勝如、妙與不妙。所以者何？因人心勝如故，修便有精麤；因修有精麤故，得人則有勝如。賢者迦旃延！世尊亦如是說人有勝如。」

於是尊者真迦旃延歎仙餘財主曰：「善哉！善哉！財主！汝為我等多所饒益。所以者何？初問尊者阿那律陀有勝天，我等未曾從尊者阿那律陀聞如是義，是謂彼天、有彼天、如是彼天。」

於是尊者阿那律陀告曰：「賢者迦旃延！多有彼天，謂此日月如是有大如意足，有大威德，有大福祐，有大威神。以光不及光，彼與我集，共相慰勞，有所論說，有所答對，我不如是說，是謂彼天、有彼天、如是彼天。」

爾時仙餘財主知彼尊者所說已訖，即從坐起，自行澡水，以極淨美種種豐饒食噉含消，手自斟酌，令得飽滿。食訖舉器，行澡水已，取一小床，別坐聽法。仙餘財主坐已，尊者阿那律陀而為說法，勸發渴仰，成就歡喜。無量方便為彼說法，勸發渴仰，成就歡喜已，從坐起去。

尊者阿那律陀所說如是，仙餘財主及諸比丘聞尊者阿那律陀所說，歡喜奉行。

有勝天經第八竟二千五百九十九字

（八〇）中阿含長壽王品迦絺那經第九第二小土城誦

我聞如是：一時，佛遊舍衛國，在勝林給孤獨園。

爾時尊者阿那律陀亦在舍衛國，住娑羅邏巖山中。於是尊者阿那律陀過夜平旦，著衣持鉢，入舍衛乞食。尊者阿難亦復平旦，著衣持鉢，入舍衛乞食。尊者阿那律陀見尊者阿難亦行乞食，見已語曰：「賢者阿難！當知我三衣麤素壞盡，賢者今可倩諸比丘為我作衣？」

尊者阿難為尊者阿那律陀默然許倩。

於是尊者阿難舍衛乞食已，食訖，中後收舉衣鉢，澡洗手足，以尼師檀著於肩上，手執戶鑰遍詣房房，見諸比丘便語之曰：「諸尊！今往詣娑羅邏巖山中，為尊者阿那律陀作衣。」

於是諸比丘聞尊者阿難語，皆往詣娑羅邏巖山中，為尊者阿那律陀作衣。於是世尊見尊者阿難手執戶鑰遍詣房房，見已問曰：「阿難！汝以何事手執戶鑰遍詣房房？」

尊者阿難白曰：「世尊！我今倩諸比丘為尊者阿那律陀作衣。」

世尊告曰：「阿難！汝何以故不請如來為阿那律陀比丘作衣？」

於是尊者阿難即叉手向佛，白世尊曰：「唯願世尊往詣娑羅邏巖山中，為尊者阿那律陀作衣！」

世尊為尊者阿難默然而許。於是世尊將尊者阿難往詣娑羅邏巖山中，比丘衆前，敷坐而坐。爾時娑羅邏巖山中，有八百比丘及世尊共集坐，為尊者阿那律陀作衣。彼時尊者大目揵連亦在衆中，於是世尊告曰：「目揵連！我能為阿那律陀舒張衣裁，割截連綴而縫合之。」

爾時尊者大目揵連即從座起，偏袒著衣叉手向佛，白世尊曰：「唯願世尊為賢者阿那律陀舒張衣裁，諸比丘當共割截，連綴縫合。」

於是世尊即為尊者阿那律陀舒張衣裁，諸比丘便共割截，連綴縫合。即彼一日，為尊者阿那律陀成三衣訖。

爾時世尊知尊者阿那律陀三衣已成，則便告曰：「阿那律陀！汝為諸比丘說迦絺那法。我今腰痛，欲小自息。」

尊者阿那律陀白曰：「唯然，世尊！」

於是世尊四疊優多羅僧以敷床上，襞僧伽梨作枕，右脇而臥，足足相累，作光明想，立正念正智，常作起想。

彼時尊者阿那律陀告諸比丘：「諸賢！我本未出家學道時，厭生老病死、啼哭懊惱、悲泣憂慼，欲斷此大苦聚。諸賢！我厭已而作是觀：『居家至狹，塵勞之處，出家學道，發露曠大。我今在家為鎖所鎖，不得盡形壽，修諸梵行。我寧可捨少財物及多財物，捨少親族及多親族，剃除鬚髮，著袈裟衣，至信捨家無家學道。』諸賢！我於後時捨少財物及多財物，捨少親族及多親族，剃除鬚髮，著袈裟衣，至信捨家無家學道。諸賢！我出家學道，捨族姓已，受比丘學，修行禁戒，守護從解脫，又復善攝威儀禮節，見纖介罪常懷畏怖，受持學戒。

「諸賢！我離殺、斷殺，棄捨刀杖，有慚有愧，有慈悲心，饒益一切乃至蜫蟲，我於殺生淨除其心。諸賢！我離不與取，斷不與取，與而後取，樂於與取，常好布施歡喜無悋，不望其報，我於不與取淨除其心。諸賢！我離非梵行，斷非梵行，勤修梵行，精勤妙行清淨無穢，離欲斷婬，我於非梵行淨除其心。

「諸賢！我離妄言、斷妄言，真諦言，樂真諦，住真諦，不移動，一切可信，不欺世間，我於妄言淨除其心。諸賢！我離兩舌、斷兩舌，行不兩舌，不破壞他。不聞此語彼，欲破壞此；不聞彼語此，欲破壞彼。離者欲合，合者歡喜，不作群黨，不樂群黨，不稱說群黨，我於兩舌淨除其心。諸賢！我離麤言，斷麤言，若有所言，辭氣麤獷惡聲逆耳，衆所不喜，衆所不愛，使他苦惱令不得定，斷如是言。若有所說，清和柔潤順耳入心，可喜可愛，使他安樂，言聲具了，不使人畏令他得定，說如是言，我於麤言淨除其心。諸賢！我離綺語、斷綺語，時說、真說、法說、義說、止息說、樂止息說，事順時得宜，善教善訶，我於綺語淨除其心。

「諸賢！我離治生、斷治生，棄捨稱量及斗斛，不受財貨，不縛束人，不望折斗量，不以小利侵欺於人，我於治生淨除其心。諸賢！我離受寡婦、童女，斷受寡婦、童女，我於受寡婦、童女淨除其心。諸賢！我離受奴婢，斷受奴婢，我於受奴婢淨除其心。諸賢！我離受象、馬、牛、羊，斷受象、馬、牛、羊，我於受象、馬、牛、羊淨除其心。諸賢！我離受雞、猪，斷受雞、猪，我於受雞、猪淨除其心。諸賢！我離受田業、店肆，斷受田業、店肆，我於受田業、店肆淨除其心。諸賢！我離受生稻、麥、豆，斷受生稻、麥、豆，我於受生稻、麥、豆淨除其心。

「諸賢！我離酒、斷酒，我於飲酒淨除其心。諸賢！我離高廣大床，斷高廣大床，我於高廣大床淨除其心。諸賢！我離華鬘、瓔珞、塗香、脂粉，斷華鬘、瓔珞、塗香、脂粉，我於花鬘、瓔珞、塗香、脂粉淨除其心。諸賢！我離歌舞、倡妓及往觀聽，斷歌舞、倡妓及往觀聽，我於歌舞、倡妓及往觀聽淨除其心。諸賢！我離受生色像寶，斷受生色像寶，我於受生色像寶淨除其心。諸賢！我離過中食，斷過中食，一食，不夜食，學時食，我於過中食淨除其心。

「諸賢！我已成就此聖戒聚，當復學極知足，衣取覆形，食取充軀，隨所遊至與衣鉢俱，行無顧戀，猶如鷹鳥與兩翅俱，飛翔空中。諸賢！我亦如是隨所遊至與衣鉢俱，行無顧戀。諸賢！我已成就此聖戒聚及極知足，當復學守護諸根，常念閉塞，念欲明達，守護念心而得成就，恒起正知。若眼見色，然不受相，亦不味色，謂忿諍故。守護眼根，心中不生貪伺、憂慼、惡不善法，趣向彼故，守護眼根。如是耳、鼻、舌、身，若意知法，然不受相，亦不味法，謂忿諍故。守護意根，心中不生貪伺、憂慼、惡不善法，趣向彼故，守護意根。

「諸賢！我已成就此聖戒聚及極知足、守護諸根，當復學正知出入，善觀分別，屈申低仰儀容庠序，善著僧伽梨及諸衣鉢，行住坐臥、眠寤語默皆正知之。諸賢！我已成就此聖戒聚及極知足、守護諸根、正知出入，當復學獨住遠離，在無事處，或至樹下空安靜處，山巖石室、露地穰積，或至林中，或在塚間。諸賢！我已在無事處，或至樹下空安靜處，敷尼師檀結*跏趺坐，正身正願，反念不向，斷除貪伺心無有諍。見他財物諸生活具不起貪伺，欲令我得，我於貪伺淨除其心。如是瞋恚、睡眠、調悔，斷疑、度惑，於諸善法無有猶豫，我於疑惑淨除其心。

「諸賢！我已斷此五蓋心穢慧羸，離欲、離惡不善之法，至得第四禪成就遊。

「諸賢！我已得如是定心清淨，無穢無煩，柔軟善住，得不動心，學如意足智通作證。諸賢！我得無量如意足，謂分一為衆，合衆為一，一則住一，有知有見，不礙石壁，猶如行空，沒地如水，履水如地，結*跏趺坐上昇虛空，猶如鳥翔。今此日月有大如意足，有大威德，有大福祐，有大威神，以手捫摸身至梵天。

「諸賢！我已得如是定心清淨，無穢無煩，柔軟善住，得不動心，學天耳智通作證。諸賢！我以天耳聞人、非人音聲，近遠、妙與不妙。

「諸賢！我已得如是定心清淨，無穢無煩，柔軟善住，得不動心，學他心智通作證。諸賢！我為他衆生所念、所思、所為、所行，以他心智知他心如真。有欲心知有欲心如真，無欲心知無欲心如真。有恚無恚，有癡無癡，有穢無穢，合散，高下，小大，修不修，定不定；不解脫心知不解脫心如真，解脫心知解脫心如真。

「諸賢！我已得如是定心清淨，無穢無煩，柔軟善住，得不動心，學憶宿命智通作證。諸賢！有行有相貌，憶本無量昔所經歷，謂一生、二生、百生、千生，成劫、敗劫、無量成敗劫，彼衆生名某，彼昔更歷，我曾生彼，如是姓，如是字，如是生，如是飲食，如是受苦樂，如是長壽，如是久住，如是壽命訖。此死生彼，彼死生此；我生在此，如是姓，如是字，如是生，如是飲食，如是受苦樂，如是長壽，如是久住，如是壽命訖。

「諸賢！我已得如是定心清淨，無穢無煩，柔軟善住，得不動心，學生死智通作證。諸賢！我以清淨天眼出過於人，見此衆生死時生時，好色惡色，妙與不妙，往來善處及不善處，隨此衆生之所作業見其如真。若此衆生成就身惡行，口、意惡行，誹謗聖人，邪見成就邪見業，彼因緣此，身壞命終必至惡處，生地獄中。若此衆生成就身妙行，口、意妙行，不誹謗聖人，正見成就正見業，彼因緣此，身壞命終必昇善處，上生天中。

「諸賢！我已得如是定心清淨，無穢無煩，柔軟善住，得不動心，學漏盡智通作證。諸賢！我知此苦如真，知此苦習、知此苦滅、知此苦滅道如真，知此漏、知此漏習、知此漏滅、知此漏滅道如真。彼如是知、如是見，欲漏心解脫，有漏、無明漏心解脫，解脫已便知解脫：生已盡，梵行已立，所作已辦，不更受有，知如真。

「諸賢！若有比丘犯戒、破戒、缺戒、穿戒、穢戒、黑戒者，欲依戒立戒，以戒為梯，昇無上慧堂正法閣者，終無是處。諸賢！猶去村不遠有樓觀堂閣，其中安梯或施十隥，或十二隥，若有人來求願欲得昇彼堂閣，若不登此梯第一隥上，欲第二隥者，終無是處。若不登第二隥，欲登第三、四至昇堂閣者，終無是處。諸賢！如是若有比丘犯戒、破戒、缺戒、穿戒、穢戒、黑戒者，欲依戒立戒，以戒為梯，昇無上慧堂正法閣者，終無是處。

「諸賢！若有比丘不犯戒、破戒、缺戒、穿戒、穢戒、黑戒者，欲依戒立戒，以戒為梯，昇無上慧堂正法閣者，必有是處。諸賢！猶去村不遠有樓觀堂閣，其中安梯或施十隥，或十二隥，若有人來求願欲得昇彼堂閣，若登此梯第一隥上，欲登第二隥者，必有是處。若登第二隥，欲登第三、四至昇堂閣者，必有是處。

「諸賢！如是若有比丘不犯戒、破戒、缺戒、穿戒、穢戒、黑戒者，欲依戒立戒，以戒為梯，昇無上慧堂正法閣者，必有是處。諸賢！我依戒立戒，以戒為梯，昇無上慧堂正法之閣，以小方便觀千世界。諸賢！猶有目人住高樓上，以小方便觀下露地，見千土塹。諸賢！我亦如是，依戒立戒，以戒為梯，昇無上慧堂正法之閣，以小方便觀千世界。

「諸賢！若王大象，或有七寶，或復減八，以多羅葉覆之，如我覆藏於此六通。諸賢！若於我如意足智通作證有疑惑者，彼應問我，我當答之。諸賢！若於我天耳智通作證有疑惑者，彼應問我，我當答之。諸賢！若於我他心智通作證有疑惑者，彼應問我，我當答之。諸賢！若於我宿命智通作證有疑惑者，彼應問我，我當答之。諸賢！若於我生死智通作證有疑惑者，彼應問我，我當答之。諸賢！若於我漏盡智通作證有疑惑者，彼應問我，我當答之。」

於是尊者阿難白曰：「尊者阿那律陀！今娑羅邏巖山集坐八百比丘及世尊在中，為尊者阿那律陀作衣。若於尊者阿那律陀如意足智通作證有疑惑者，彼當問之，尊者阿那律陀答。若於尊者阿那律陀天耳智通作證有疑惑者，彼當問之，尊者阿那律陀答。若於尊者阿那律陀他心智通作證有疑惑者，彼當問之，尊者阿那律陀答。若於尊者阿那律陀宿命智通作證有疑惑者，彼當問之，尊者阿那律陀答。若於尊者阿那律陀生死智通作證有疑惑者，彼當問之，尊者阿那律陀答。若於尊者阿那律陀漏盡智通作證有疑惑者，彼當問之，尊者阿那律陀答。但我等長夜以心識尊者阿那律陀心，如尊者阿那律陀有大如意足，有大威德，有大福祐，有大威神。」

於是世尊所患已差而得安隱，即時便起，結*跏趺坐。世尊坐已，歎尊者阿那律陀曰：「善哉！善哉！阿那律陀！極善！阿那律陀！謂汝為諸比丘說迦絺那法。阿那律陀！汝復為諸比丘說迦絺那法。阿那律陀！汝為諸比丘數數說迦絺那法。」

於是世尊告諸比丘：「比丘！汝等受迦絺那法，誦習迦絺那法，善持迦絺那法。所以者何？迦絺那法與法相應，為梵行本，致通致覺，亦致涅槃。若族姓子剃除鬚髮，著袈裟衣，至信捨家無家學道者，應當至心受迦絺那法，善受善持迦絺那法。所以者何？我不見過去時諸比丘作如是衣，如阿那律陀比丘；不見未來、現在諸比丘作如是衣，如阿那律陀比丘。所以者何？謂今娑羅邏巖山集坐八百比丘及世尊在中，為阿那律陀比丘作衣。如是阿那律陀比丘有大如意足，有大威德，有大福祐，有大威神。」

佛說如是，尊者阿那律陀及諸比丘聞佛所說，歡喜奉行。

迦絺那經第九竟三千七百八十字

中阿含經卷第十九一萬四百六十九字　第二小土城誦

中阿含經卷第二十

東晉罽賓三藏瞿曇僧伽提婆譯

(八一)中阿含長壽王品念身經第十 第二小土城誦

我聞如是：一時，佛遊鴦祇國中，與大比丘衆俱，往詣阿惒那揵尼住處。

爾時世尊過夜平旦，著衣持鉢，入阿惒那而行乞食。食訖，中後收舉衣鉢，澡洗手足，以尼師檀著於肩上，往詣一林。入彼林中至一樹下，敷尼師檀，結跏趺坐。

爾時眾多比丘於中食後，集坐講堂，共論此事：「諸賢！世尊甚奇甚特！修習念身，分別廣布，極知極觀，極修習，極護治，善具善行，在一心中。佛說念身有大果報，得眼有目，見第一義。」

爾時世尊在於宴坐，以淨天耳出過於人，聞諸比丘於中食後，集坐講堂，共論此事：「諸賢！世尊甚奇甚特！修習念身，分別廣布，極知極觀，極修習，極護治，善具善行，在一心中。佛說念身有大果報，得眼有目，見第一義。」

世尊聞已，則於晡時從宴坐起，往詣講堂，比丘眾前敷座而坐。

爾時世尊告諸比丘：「汝等向共論何事耶？以何事故集坐講堂？」

時諸比丘白曰：「世尊！我等諸比丘於中食後，集坐講堂，共論此事：『諸賢！世尊甚奇甚特！修習念身，分別廣布，極知極觀，極修習，極護治，善具善行，在一心中。佛說念身有大果報，得眼有目，見第一義。』世尊！我等向共論如此事，以此事故集坐講堂。」

世尊復告諸比丘曰：「云何我說修習念身，分別廣布，得大果報？」

時諸比丘白世尊曰：「世尊為法本，世尊為法主，法由世尊，惟願說之！我等聞已得廣知義。」

佛便告曰：「汝等諦聽！善思念之，我當為汝分別其義。」

時諸比丘受教而聽。佛言：「云何比丘修習念身？比丘者，行則知行，住則知住，坐則知坐，臥則知臥，眠則知眠，寤則知寤，眠寤則知眠寤，如是比丘隨其身行，便知上如真。彼若如是在遠離獨住，心無放逸修行精勤，斷心諸患而得定心，得定心已則知上如真，是謂比丘修習念身。

「復次，比丘！修習念身比丘者，正知出入，善觀分別，屈伸低仰儀容庠序，善著僧伽梨及諸衣鉢，行住坐臥、眠寤語默皆正知之，如是比丘隨其身行，便知上如真。彼若如是在遠離獨住，心無放逸修行精勤，斷心諸患而得定心，得定心已則知上如真，是謂比丘修習念身。

「復次，比丘！修習念身比丘者，生惡不善念，以善法念治斷滅止，猶木工師、木工弟子，彼持墨繩用*絣於木，則以利斧斫治令直；如是比丘生惡不善念，以善法念治斷滅止，如是比丘隨其身行，便知上如真。彼若如是在遠離獨住，心無放逸修行精勤，斷心諸患而得定心，得定心已則知上如真，是謂比丘修習念身。

「復次，比丘！修習念身比丘者，齒齒相著，舌逼上齶，以心治心，治斷滅止，猶二力士捉一羸人，處處旋捉，自在打鍛；如是比丘齒齒相著，舌逼上齶，以心治心，治斷滅止，如是比丘隨其身行，便知上如真。彼若如是在遠離獨住，心無放逸修行精勤，斷心諸患而得定心，得定心已則知上如真，是謂比丘修習念身。

「復次，比丘！修習念身比丘者，念入息即知念入息，念出息即知念出息，入息長即知入息長，出息長即知出息長，入息短即知入息短，出息短即知出息短，學一切身息入，學一切身息出，學止身行息入，學止口行息出，如是比丘隨其身行，便知上如真。彼若如是在遠離獨住，心無放逸修行精勤，斷心諸患而得定心，得定心已則知上如真，是謂比丘修習念身。

「復次，比丘！修習念身比丘者，離生喜樂，漬身潤澤，普遍充滿於此身中，離生喜樂無處不遍，猶工浴人器盛澡豆，水和成摶，水漬潤澤，普遍充滿無處不周；如是比丘離生喜樂，漬身潤澤，普遍充滿於此身中，離生喜樂無處不遍，如是比丘隨其身行，便知上如真。彼若如是在遠離獨住，心無放逸修行精勤，斷心諸患而得定心，得定心已則知上如真，是謂比丘修習念身。

「復次，比丘！修習念身比丘者，定生喜樂，漬身潤澤，普遍充滿於此身中，定生喜樂無處不遍，猶如山泉，極淨澄清充滿盈流，四方水來無緣得入，即彼泉底，水自涌出盈流於外，漬山潤澤，普遍充滿無處不周；如是比丘定生喜樂，漬身潤澤，普遍充滿於此身中，定生喜樂無處不遍，如是比丘隨其身行，便知上如真。彼若如是在遠離獨住，心無放逸修行精勤，斷心諸患而得定心，得定心已則知上如真，是謂比丘修習念身。

「復次，比丘！修習念身比丘者，無喜生樂，漬身潤澤，普遍充滿於此身中，無喜生樂無處不遍，猶青蓮華，紅、赤、白蓮，水生水長，在於水底，根、莖、華、葉悉漬潤澤，普遍充滿無處不周。如是比丘無喜生樂，漬身潤澤，普遍充滿於此身中，無喜生樂無處不遍，如是比丘隨其身行，便知上如真。彼若如是在遠離獨住，心無放逸修行精勤，斷心諸患而得定心，得定心已則知上如真，是謂比丘修習念身。

「復次，比丘！修習念身比丘者，於此身中，以清淨心意解遍滿成就遊，於此身中，以清淨心無處不遍，猶有一人，被七肘衣或八肘衣，從頭至足，於此身體無處不覆；如是比丘於此身中，以清淨心意解遍滿成就遊，於此身中，以清淨心無處不遍，如是比丘隨其身行，便知上如真。彼若如是在遠離獨住，心無放逸修行精勤，斷心諸患而得定心，得定心已則知上如真，是謂比丘修習念身。

「復次，比丘！修習念身比丘者，念光明想，善受、善持，善意所念，如前後亦然，如後前亦然，如晝夜亦然，如夜晝亦然，如下上亦然，如上下亦然；如是不顛倒，心無有纏，修光明心，心終不為闇之所覆，如是比丘隨其身行，便知上如真。彼若如是在遠離獨住，心無放逸修行精勤，斷心諸患而得定心，得定心已則知上如真，是謂比丘修習念身。

「復次，比丘！修習念身比丘者，觀相善受、善持，善意所念，猶如有人，坐觀臥人，臥觀坐人；如是比丘觀相善受、善持、善意所念，如是比丘隨其身行，便知上如真。彼若如是在遠離獨住，心無放逸修行精勤，斷心諸患而得定心，得定心已則知上如真，是謂比丘修習念身。

「復次，比丘！修習念身比丘者，此身隨住，隨其好惡，從頭至足，觀見種種不淨充滿，謂此身中有髮毛、爪齒、麁細、薄膚、皮肉、筋骨、心腎、肝肺、大腸、小腸、脾腨、*腨糞、腦及腦根、淚汗、涕唾、膿血、肪髓、涎膽、小便。猶以器盛若干種子，有目之士悉見分明，謂稻、粟種，大麥、小麥，大小麻豆、菘菁、芥子。如是比丘此身隨住，隨其好惡，從頭至足，觀見種種不淨充滿，謂此身中有髮毛、爪齒、麁細、薄膚、皮肉、筋骨、心腎、肝肺、大腸、小腸、脾腨、*腨糞、腦及腦根、淚汗、涕唾、膿血、肪髓、涎膽、小便，如是比丘隨其身行，便知上如真。彼若如是在遠離獨住，心無放逸修行精勤，斷心諸患而得定心，得定心已則知上如真，是謂比丘修習念身。

「復次，比丘！修習念身比丘者，觀身諸界，我此身中有地界、水界、火界、風界、空界、識界，猶如屠兒殺牛，剝皮布於地上，分作六段；如是比丘觀身諸界，我此身中，地界、水界、火界、風界、空界、識界，如是比丘隨其身行，便知上如真。彼若如是在遠離獨住，心無放逸修行精勤，斷心諸患而得定心，得定心已則知上如真，是謂比丘修習念身。

「復次，比丘！修習念身比丘者，觀彼死屍，或一二日，至六七日，烏鵄所啄，犲狗所食，火燒埋地，悉腐爛壞，見已自比：『今我此身亦復如是，俱有此法，終不得離。』如是比丘隨其身行，便知上如真。彼若如是在遠離獨住，心無放逸修行精勤，斷心諸患而得定心，得定心已則知上如真，是謂比丘修習念身。

「復次，比丘！修習念身比丘者，如本見息道骸骨青色，腐爛食半，骨鎖在地，見已自比：『今我此身亦復如是，俱有此法，終不得離。』如是比丘隨其身行，便知上如真。彼若如是在遠離獨住，心無放逸修行精勤，斷心諸患而得定心，得定心已則知上如真，是謂比丘修習念身。

「復次，比丘！修習念身比丘者，如本見息道離皮肉血，唯筋相連，見已自比：『今我此身亦復如是，俱有此法，終不得離。』如是比丘隨其身行，便知上如真。彼若如是在遠離獨住，心無放逸修行精勤，斷心諸患而得定心，得定心已則知上如真，是謂比丘修習念身。

「復次，比丘！修習念身比丘者，如本見息道骨節解散，散在諸方，足骨、膊骨、髀骨、髖骨、脊骨、肩骨、頸骨、髑髏骨，各在異處，見已自比：『今我此身亦復如是，俱有此法，終不得離。』如是比丘隨其身行，便知上如真。彼若如是在遠離獨住，心無放逸修行精勤，斷心諸患而得定心，得定心已則知上如真，是謂比丘修習念身。

「復次，比丘！修習念身比丘者，如本見息道骨白如螺，青猶鴿色，赤若血塗，腐壞碎末，見已自比：『今我此身亦復如是，俱有此法，終不得離。』如是比丘隨其身行，便知上如真。彼若如是在遠離獨住，心無放逸修行精勤，斷心諸患而得定心，得定心已則知上如真，是謂比丘修習念身。

「若有如是修習念身，如是廣布者，彼諸善法盡在其中，謂道品法也。若彼有心意解遍滿，猶如大海，彼諸小河盡在海中。若有如是修習念身，如是廣布者，彼諸善法盡在其中，謂道品法也。若有沙門、梵志不正立念身遊行少心者，彼為魔波旬伺求其便，必能得也。所以者何？彼沙門、梵志空，無念身故。猶如有瓶中空無水，正安著地，若人持水來瀉瓶中，於比丘意云何？彼瓶如是當受水不？」

比丘答曰：「受也，世尊！所以者何？彼空無水，正安著地，是故必受。」

「如是，若有沙門、梵志不正立念身遊行少心者，彼為魔波旬伺求其便，必能得也。所以者何？彼沙門、梵志空，無念身故。

「若有沙門、梵志正立念身遊行無量心者，彼為魔波旬伺求其便，終不能得。所以者何？彼沙門、梵志不空，有念身故。猶如有瓶水滿其中，正安著地，若人持水來瀉瓶中，於比丘意云何？彼瓶如是復受水不？」

比丘答曰：「不也，世尊！所以者何？彼瓶水滿，正安著地，是故不受。」

「如是，若有沙門、梵志有正立念身遊行無量心者，彼為魔波旬伺求其便，終不能得。所以者何？彼沙門、梵志不空，有念身故。

「若有沙門、梵志不正立念身遊行少心者，彼為魔波旬伺求其便，必能得也。所以者何？彼沙門、梵志空，無念身故。猶如力士以大重石擲淖泥中，於比丘意云何？泥為受不？」

比丘答曰：「受也，世尊！所以者何？泥淖石重，是故必受。」

「如是，若有沙門、梵志不正立念身遊行少心者，彼為魔波旬伺求其便，必能得也。所以者何？彼沙門、梵志空，無念身故。

「若有沙門、梵志正立念身遊行無量心者，彼為魔波旬伺求其便，終不能得。所以者何？彼沙門、梵志不空，有念身故。猶如力士以輕毛毱擲平戶扇，於比丘意云何？彼為受不？」

比丘答曰：「不也，世尊！所以者何？毛毱輕闉，戶扇平立，是故不受。」

「如是，若有沙門、梵志正立念身遊行無量心者，彼為魔波旬伺求其便，終不能得。所以者何？彼沙門、梵志不空，有念身故。

「若有沙門、梵志不正立念身遊行少心者，彼為魔波旬伺求其便，必能得也。所以者何？彼沙門、梵志空，無念身故。猶人求火，以槁木為母，以燥鑽鑽，於比丘意云何？彼人如是為得火不？」

比丘答曰：「得也，世尊！所以者何？彼以燥鑽鑽於槁木，是故必得。」

「如是，若有沙門、梵志不正立念身遊行少心者，彼為魔波旬伺求其便，必能得也。所以者何？彼沙門、梵志空，無念身故。

「若有沙門、梵志正立念身遊行無量心者，彼為魔波旬伺求其便，終不能得。所以者何？彼沙門、梵志不空，有念身故。猶人求火，以濕木為母，以濕鑽鑽，於比丘意云何？彼人如是為得火不？」

比丘答曰：「不也，世尊！所以者何？彼以濕鑽，鑽於濕木，是故不得。」

「如是，若有沙門、梵志，正立念身遊行無量心者，彼為魔波旬伺求其便，終不能得。所以者何？彼沙門、梵志不空，有念身故。

「如是修習念身，如是廣布者，當知有十八德。云何十八？比丘者，能忍飢渴、寒熱、蚊虻、蠅蚤、風日所逼，惡聲、捶杖亦能忍之，身遇諸疾，極為苦痛，至命欲絕，諸不可樂皆能堪耐。如是修習念身，如是廣布者，是謂第一德。復次，比丘堪耐不樂，若生不樂，心終不著。如是修習念身、如是廣布者，是謂第二德。復次，比丘堪耐恐怖，若生恐怖，心終不著。如是修習念身，如是廣布者，是謂第三德。

「復次，比丘生三惡念：欲念、恚念、害念，若生三惡念，心終不著。如是修習念身，如是廣布者，是謂第四、五、六、七德。復次，比丘離欲，離惡不善之法至得第四禪成就遊。如是修習念身，如是廣布者，是謂第八德。復次，比丘三結已盡得須陀洹，不墮惡法定趣正覺，極受七有，天上人間*七往來已而得苦際。如是修習念身，如是廣布者，是謂第九德。復次，比丘三結已盡，婬怒癡薄，得一往來天上人間，一往來已而得苦際。如是修習念身，如是廣布者，是謂第十德。復次，比丘五下分結盡，生於彼間便般涅槃，得不退法，不還此世。如是修習念身，如是廣布者，是謂第十一德。

「復次，比丘若有息解脫，離色得無色，如其像定身作證成就遊，而以慧觀知漏、斷漏。如是修習念身，如是廣布者，是謂第十二、十三、十四、十五、十六、十七德。復次，比丘如意足、天耳、他心智、宿命智、生死智，諸漏已盡，得無漏心解脫、慧解脫，於現法中自知自覺，自作證成就遊：生已盡，梵行已立，所作已辦，不更受有，知如真。如是修習念身，如是廣布者，是謂第十八德。如是修習念身，如是廣布者，當知有此十八功德。」

佛說如是，彼諸比丘聞佛所說，歡喜奉行。

念身經第十竟四千二百二十五字

十八德內闕六、七、八幷十三至十七者，應在第五、第十八德內也。南本結在第四、第十二中，理猶難曉。

（八二）中阿含長壽王品支離彌梨經第十一第二小土城誦

我聞如是：一時，佛遊王舍城，在竹林加蘭哆園。

爾時衆多比丘於中食後少有所為，集坐講堂欲斷諍事，謂論此法律此佛之教。彼時質多羅象子比丘亦在衆中，於是質多羅象子比丘，衆多比丘論此法律此佛教時，於其中間競有所說，不待諸比丘說法訖竟，又不以恭敬、不以善觀問諸上尊長老比丘。

是時尊者大拘絺羅在彼衆中，於是尊者大拘絺羅告質多羅象子比丘曰：「賢者！當知衆多比丘說此法律此佛教時，汝莫於中競有所說！若諸比丘所說訖已，然後可說。汝當以恭敬，當以善觀問諸上尊長老比丘，莫不恭敬，莫不善觀問諸上尊長老比丘。」

爾時質多羅象子比丘諸親朋友悉在衆中，於是質多羅象子比丘諸親朋友語尊者大拘絺羅曰：「賢者大拘絺羅！汝莫大責數質多羅象子比丘！所以者何？質多羅象子比丘戒德多聞，似如懈怠，然不貢高。賢者大拘絺羅！質多羅象子比丘，諸比丘隨所為時而能佐助。」

於是尊者大拘絺羅語質多羅象子比丘諸親朋友曰：「諸賢！不知

他心者，不得妄說稱不稱。所以者何？或有一人在世尊前時，及諸上尊長老梵行可慚可愧、可愛可敬前，彼便善守善護。若於後時離世尊前，及離諸上尊長老梵行可慚可愧、可愛可敬前，彼便數與白衣共會，調笑貢高種種談譁。彼數與白衣共會，調笑貢高種種談譁已，心便生欲。彼心生欲已，便身熱心熱。彼身心熱已，便捨戒罷道。諸賢！猶若如牛入他田中，守田人捉，或以繩繫，或著欄中。諸賢！若有作是說：『此牛不復入他田中。』如是彼為正說耶？」

答曰：「不也。所以者何？謂彼牛者，為繩所繫，或斷或解，為欄所遮，或破或跳出，復入他田，如前無異。」

「諸賢！或有一人在世尊前時，及諸上尊長老梵行可慚可愧、可愛可敬前，彼便善守善護。若於後時離世尊前，及離諸梵行可慚可愧、可愛可敬前，彼便數與白衣共會，調笑貢高種種談譁。彼數與白衣共會，調笑貢高種種談譁已，心便生欲。彼心生欲已，便身熱心熱。彼身心熱已，便捨戒罷道。諸賢！是謂有一人。

「復次，諸賢！或有一人逮得初禪，彼得初禪已，便自安住，不復更求未得欲得、不獲欲獲、不作證欲作證。彼於後時，便數與白衣共會，調笑貢高種種談譁。彼數與白衣共會，調笑貢高種種談譁已，心便生欲。彼心生欲已，便身熱心熱。彼身心熱已，便捨戒罷道。諸賢！猶大雨時，村間湖池水滿其中。彼若本時所見沙石、草木、甲蟲、魚鼈、蝦蟆及諸水性，去時來時，走時住時，後水滿已盡不復見。

諸賢！若有作是說：『彼湖池中終不復見沙石、草木、甲蟲、魚鼈、蝦蟆及諸水性，去時來時，走時住時。』如是彼為正說耶？」

答曰：「不也！所以者何？彼湖池水或象飲、馬飲，駱駝、牛、驢、猪、鹿、水牛飲，或人取用，風吹日炙，彼若本時不見沙石、草木、甲蟲、魚鼈、蝦蟆及諸水性，去時來時，走時住時，後水減已還見如故。」

「如是，賢者！或有一人逮得初禪，彼得初禪已，便自安住，不復更求未得欲得、不獲欲獲、不作證欲作證。彼於後時，便數與白衣共會，調笑貢高種種談譁。彼數與白衣共會，調笑貢高種種談譁已，心便生欲。彼心生欲已，便身熱心熱。彼身心熱已，便捨戒罷道。諸賢！是謂有一人。

「復次，諸賢！或有一人得第二禪，彼得第二禪已，便自安住，不復更求未得欲得、不獲欲獲、不作證欲作證。彼於後時，便數與白衣共會，調笑貢高種種談譁。彼數與白衣共會，調笑貢高種種談譁已，心便生欲。彼心生欲已，便身熱心熱。彼身心熱已，便捨戒罷道。諸賢！猶大雨時，四衢道中塵滅作泥。諸賢！若有作是說：『此四衢道泥終不燥，不復作塵。』如是彼為正說耶？」

答曰：「不也。所以者何？此四衢道或象行、馬行，駱駝、牛、驢、猪、鹿、水牛及人民行，風吹日炙，彼四衢道泥乾燥已，還復作塵。」

「如是，諸賢！或有一人得第二禪，彼得第二禪已，便自安住，不復更求未得欲得、不獲欲獲、不作證欲作證。彼於後時，便數與白衣共會，調笑貢高種種談譁。彼數與白衣共會，調笑貢高種種談譁已，心便生欲。彼心生欲已，便身熱心熱。彼身心熱已，便捨戒罷道。諸賢！是謂有一人。

「復次，諸賢！或有一人得第三禪，彼得第三禪已，便自安住，不復更求未得欲得、不獲欲獲、不作證欲作證。彼於後時，便數與白衣共會，調笑貢高種種談譁。彼數與白衣共會，調笑貢高種種談譁已，心便生欲。彼心生欲已，便身熱心熱。彼身心熱已，便捨戒罷道。諸賢！猶山泉湖水澄清平岸，定不動搖亦無波浪。諸賢！若有作是說

：『彼山泉湖水終不復動，亦無波浪。』如是彼為正說耶？」

答曰：「不也。所以者何？或於東方大風卒來，吹彼湖水，動涌波浪；如是南方、西方、北方大風卒來，吹彼湖水，動涌波浪。」

「如是，諸賢！或有一人得第三禪，彼得第三禪已，便自安住，不復更求未得欲得、不獲欲獲、不作證欲作證。彼於後時，便數與白衣共會，調笑貢高種種談譁。彼數與白衣共會，調笑貢高種種談譁已，心便生欲。彼心生欲已，便身熱心熱。彼身心熱已，便捨戒罷道。諸賢！是謂有一人。

「復次，諸賢！或有一人得第四禪，彼得第四禪已，便自安住，不復更求未得欲得、不獲欲獲、不作證欲作證。彼於後時，便數與白衣共會，調笑貢高種種談譁。彼數與白衣共會，調笑貢高種種談譁已，心便生欲。彼心生欲已，便身熱心熱。彼身心熱已，便捨戒罷道。諸賢！猶如居士、居士子食微妙食，充足飽滿已，本欲食者則不復欲。諸賢！若有作是說：『彼居士、居士子終不復欲得食。』如是彼為正說耶？」

答曰：「不也。所以者何？彼居士、居士子過夜飢已，彼若本所不用食者，還復欲得。」

「如是，諸賢！或有一人得第四禪，彼得第四禪已，便自安住，不復更求未得欲得、不獲欲獲、不作證欲作證。彼於後時，便數與白衣共會，調笑貢高種種談譁。彼數與白衣共會，調笑貢高種種談譁已，心便生欲。彼心生欲已，便身熱心熱。彼身心熱已，便捨戒罷道。諸賢！是謂有一人。

「復次，諸賢！或有一人得無想心定，彼得無想心定已，便自安住，不復更求未得欲得、不獲欲獲、不作證欲作證。彼於後時，便數與白衣共會，調笑高貢種種談譁。彼數與白衣共會，調笑貢高種種談譁已，心便生欲。彼心生欲已，便身熱心熱。彼身心熱已，便捨戒罷道。諸賢！猶如一無事處，聞支離彌梨蟲聲。彼無事處，或王或王大臣夜止宿，彼象聲、馬聲、車聲、步聲、螺聲、鼓聲、細腰鼓聲、妓鼓聲、舞聲、歌聲、琴聲、飲食聲，彼若本聞支離彌梨蟲聲便不復聞。諸賢！若有作是說：『彼無事處，終不復聞支離彌梨蟲聲。』如是彼為正說耶？」

答曰：「不也。所以者何？彼王及王大臣過夜平旦，各自還歸，彼若聞象聲、馬聲、車聲、步聲、螺聲、鼓聲、細腰鼓聲、妓鼓聲、舞聲、歌聲、琵聲、飲食聲故，不聞支離彌梨蟲聲，彼既去已還聞如故。」

「如是，諸賢！得無想心定，得無想心定已，便自安住，不復更求未得欲得、不獲欲獲、不作證欲作證。彼於後時，便數與白衣共會，調笑貢高種種談譁。彼數與白衣共會，調笑貢高種種談譁已，便心生欲。心生欲已，便身熱心熱。彼身心熱已，便捨戒罷道。諸賢！是謂有一人。」

爾時質多羅象子比丘尋於其後，捨戒罷道。質多羅象子比丘諸親朋友聞質多羅象子比丘捨戒罷道已，往詣尊者大拘絺羅所，到已白曰：「尊者大拘絺羅！為知質多羅象子比丘心，為因餘事知？所以者何？今質多羅象子比丘已捨戒罷道。」

尊者大拘絺羅告彼親朋友曰：「諸賢！此事正應爾。所以者何？以不知如真，不見如真。所以者何？因不知如真，不見如真故。」

尊者大拘絺羅所說如是，彼諸比丘聞尊者大拘絺羅所說，歡喜奉行。

支離彌梨經第十一竟二千四百四十七字

（八三）中阿含長壽王品長老上尊睡眠經第十二第二小土城誦

我聞如是：一時，佛遊婆者瘦，在鼉山怖林鹿野園中。

爾時尊者大目揵連遊摩竭國，在善知識村中。於是尊者大目揵連，獨安靜處宴坐思惟而便睡眠。世尊遙知尊者大目揵連，獨安靜處宴坐思惟而便睡眠。世尊知已，即入如其像定，以如其像定，猶若力士屈申臂頃，從婆者瘦鼉山怖林鹿野園中忽沒不現，往摩竭國善知識村尊者大目揵連前。於是世尊從定而寤告曰：「大目揵連！汝著睡眠，大目揵連！汝著睡眠。」

尊者大目揵連白世尊曰：「唯然，世尊！」

佛復告曰：「大目揵連！如所相著睡眠，汝莫修彼相！亦莫廣布！如是睡眠便可得滅。若汝睡眠故不滅者，大目揵連！當隨本所聞法，隨而受持廣布誦習，如是睡眠便可得滅。若汝睡眠故不滅者，大目揵連！當隨本所聞法，隨而受持為他廣說，如是睡眠便可得滅。若汝睡眠故不滅者，大目揵連！當隨本所聞法，隨而受持心念心思，如是睡眠便可得滅。若汝睡眠故不滅者，大目揵連！當以兩手捫摸於耳，如是睡眠便可得滅。

「若汝睡眠故不滅者，大目揵連！當以冷水澡洗面目及灑身體，如是睡眠便可得滅。若汝睡眠故不滅者，大目揵連！當從室出，外觀四方瞻視星宿，如是睡眠便可室滅。若汝睡眠故不滅者，大目揵連！

當從室出而至屋頭，露地經行守護諸根，心安在內於後前想，如是睡眠便可得滅。若汝睡眠故不滅者，大目揵連！當捨經行道，至經行道頭，敷尼師檀，結跏趺坐，如是睡眠便可得滅。若汝睡眠故不滅者，大目揵連！當還入室，四疊優多羅僧以敷床上，襞僧伽梨作枕，右脇而臥，足足相累，心作明想，立正念正智，常欲起想。

「大目揵連！莫計床樂眠臥安快！莫貪財利！莫著名譽！所以者何？我說一切法不可與會，亦說與會。大目揵連！我說何法不可與會？大目揵連！若道俗法共合會者，我說此法不可與會。大目揵連！若道俗法共合會者，便多有所說。若多有所說者，則便有調。若有調者，便心不息。大目揵連！若心不息者，便心離定。大目揵連！是故我說不可與會。大目揵連！我說何法可與共會？大目揵連！彼無事處，我說此法可與共會。山林樹下空安靜處，高巖石室寂無音聲，遠離無惡，無有人民，隨順宴坐。大目揵連！我說此法可與共會。

「大目揵連！汝若入村行乞食者，當以厭利，厭供養、恭敬。汝若於利、供養、恭敬心作厭已，便入村乞食。大目揵連！莫以高大意入村乞食！所以者何？諸長者家有如是事，比丘來乞食，令長者不作意。比丘便作是念：誰壞我長者家？所以者何？我入長者家，長者不作意。因是生憂，因憂生調，因調生心不息，因心不息，心便離定。大目揵連！汝說法時莫以諍說！若諍說者，便多有所說；因多說故，則便生調；因生調故，便心不息；因心不息故，便心離定。大目揵連！汝說法時莫強說法如師子。大*目揵☆連！汝說法時，下意說法，捨力、滅力、破壞於力，當以不強說法如師子。大目揵連！當學如是。」

爾時尊者大目揵連即從坐起，偏袒著衣，叉手向佛，白曰：「世尊！云何比丘得至究竟？究竟白淨，究竟梵行，究竟梵行訖？」

世尊告曰：「大目揵連！比丘若覺樂、覺苦、覺不苦不樂者，彼此覺觀無常、觀興衰、觀斷、觀無欲、觀滅、觀捨。彼此覺觀無常、觀興衰、觀斷、觀無欲、觀滅、觀捨已，不受此世。因不受世已，便不疲勞；因不疲勞已，便般涅槃：生已盡，梵行已立，所作已辦，不更受有，知如真。大目揵連！如是比丘得至究竟，究竟白淨，究竟梵行，究竟梵行訖。」

佛說如是，尊者大目揵連聞佛所說，歡喜奉行。

長老上尊睡眠經第十二竟千一百三十七字

中阿含經卷第二十七千八百九字　第二小土城誦

南無護法韋馱尊天菩薩

中阿含經

主　　編—全佛編輯部
出 版 者—全佛文化出版社
地址／台北市信義路三段二〇〇號五樓
永久信箱／台北郵政二六～三四一號信箱
電話／（〇二）七〇一一〇五七・七〇一〇九四五
郵撥／一七六二六五五八　全佛文化出版社
全套定價—新台幣一二〇〇元（八冊）
初　　版—一九九七年四月

國家圖書館出版品預行編目資料

中阿含經／（東晉）罽賓三藏瞿曇僧伽提婆譯；
全佛編輯部主編. --初版. --臺北市：全
佛文化，1997［民 86］
冊； 公分

ISBN 957-9462-68-2(一套：平裝)

1.小乘經典

221.82 86004085